河北省创新能力提升计划科学普及专项项目（No. 2

U0500034

数字经济管理
漫谈

数字经济时代的
管理变革与应用场景

杨国庆　及秋晨 ◎ 主编

中国财经出版传媒集团
经济科学出版社
Economic Science Press

·北 京·

图书在版编目（CIP）数据

数字经济管理漫谈 ： 数字经济时代的管理变革与应用场景／杨国庆，及秋晨主编. -- 北京 ： 经济科学出版社，2024.8. -- ISBN 978 - 7 - 5218 - 6245 - 4

Ⅰ. F492

中国国家版本馆 CIP 数据核字第 2024RL1917 号

责任编辑：纪小小
责任校对：刘　娅
责任印制：范　艳

数字经济管理漫谈

——数字经济时代的管理变革与应用场景
杨国庆　及秋晨　主编
经济科学出版社出版、发行　新华书店经销
社址：北京市海淀区阜成路甲 28 号　邮编：100142
总编部电话：010 - 88191217　发行部电话：010 - 88191522
网址：www. esp. com. cn
电子邮箱：esp@ esp. com. cn
天猫网店：经济科学出版社旗舰店
网址：http：//jjkxcbs. tmall. com
北京季蜂印刷有限公司印装
710×1000　16 开　12.5 印张　210000 字
2024 年 8 月第 1 版　2024 年 8 月第 1 次印刷
ISBN 978 - 7 - 5218 - 6245 - 4　定价：50.00 元
（图书出现印装问题，本社负责调换。电话：010 - 88191545）
（版权所有　侵权必究　打击盗版　举报热线：010 - 88191661
QQ：2242791300　营销中心电话：010 - 88191537
电子邮箱：dbts@ esp. com. cn）

Preface 前言

　　数字经济作为新一轮科技革命和产业变革的重要驱动力量，已经成为推动我国经济社会发展和新质生产力发展的重要引擎。加快发展数字经济，促进数字经济和实体经济深度融合，已经成为时代的新要求。随着新的数字技术不断发展，尤其是人工智能、大数据、区块链、物联网等技术突破，数字经济时代下的工作、生活已经发生了巨大改变。数字经济改变了传统生产方式，能够有效提高资源配置效率，需要从产品生产模式、服务模式和管理模式上进行革新，并形成新的经济增长点。数字经济时代的管理变革正在悄然发生，需要每个人学习新场景下的管理问题和管理模式。数字经济管理相关理论的研究和应用也成为新的研究热点。

　　作者研究团队多年进行数字经济管理博士及硕士研究生的教学工作，并且出版了系列著作和教材，但这些内容更多偏向理论，更适合专业人士学习。为了使更多人通过简单易懂的方式理解数字经济时代下的管理理论和应用，用通俗易懂的语言，以聊天的形式，多采用插图、比喻和举例来介绍数字经济管理的相关基础理论及应用场景。当然，我们汇集了最新研究成果，包括期刊论文、会议报告、行业研究报告等，融入了丰富的实际案例，笔者自行绘制了大量插图，生动形象地介绍了相关理论知识和应用场景。所以我们更愿意将本书定位为一本科普读物。

　　本书共分为10章，主要包括两个部分，第一部分涵盖第1~4章，主要介绍了数字经济管理的概念、基础知识和数据管理等内容。第二部分包括第

5~10章，针对不同管理领域，分别探讨了数字经济时代的管理问题，包括智慧物流、智能制造、金融科技、地下管网、智慧医疗管理、数字化赋能公务接待管理六个领域，并探讨了数字经济时代下管理问题的研究方向。

编者在编写本书的过程中，得到了河北大学数字经济管理专业王迪、刘书杰、王加，以及管理科学与工程专业牛莎、刘少杰、杨文帅等多名研究生和电子商务专业董冬苓的协助，在此表示由衷感谢！

由于编者能力有限，书中难免有疏漏、不当之处，恳请读者批评指正，不胜感激。

Contents 目录

第 **1** 章

数 字 经 济

1.1 什么是数字经济

1.1.1 数字经济的概念

大家第一次听说"数字经济"这个词是什么时候？近年来数字经济已经成为十分热门的专业词汇。许多高校纷纷开设了数字经济专业，可见大家对这一概念的兴趣。那么，数字经济究竟是什么？又是如何定义的呢？"数字经济"最早出现于美国学者唐·泰普斯科特（Don Tapscott）1996 年出版的《数字经济：网络智能时代的前景与风险》一书并由此开始受到关注，该书描述了互联网将如何改变世界各类事务的运行模式并引发若干新的经济活动。然而，当时互联网只是刚刚开始广泛应用，更多的新技术还没有产生，当时的数字经济还是主要强调互联网对商业行为带来的影响，与当前数字经济的内涵差距较大。

我国对数字经济也有较为标准的定义：数字经济是指以使用数字化的知识和信息作为关键生产要素、以现代信息网络作为重要载体、以信息通信技术的有效使用作为效率提升和经济结构优化重要推动力的一系列经济活动。简而言之，数字经济就像是一辆高科技汽车，其中数字化的知识和信息就像是它的引擎，现代信息网络就像它行驶的道路，而信息通信技术就像是它的油箱，使其能够高效行驶。

　　数字经济的发展主要包括四个部分：数字产业化、产业数字化、数字化治理和数据价值化（简称"四化"）。如果把数字经济比作一个大工厂，这四部分便是对应的四条生产线。数字产业生产线生产各种数字相关产品和服务，就像是工厂里的机器设备；产业数字化生产线则是将传统产业的各个环节数字化改造，就如同对工厂中的原材料进行精细加工；数字化治理生产线包括利用数字技术进行多元治理和数字化公共服务的生产，就像是工厂中的质检和管理环节；数据价值化生产线则是对数据进行采集、加工、交易和保护，就像是对工厂中的废料进行回收和再利用。这四个生产线相互协作，共同推动数字经济的发展，就像是工厂中各个生产线协同生产出高品质的产品一样。目前，我们的主要工作仍处在数字产业化和产业数字化阶段，要想充分发挥数字经济的优势就需要四个方面的协同发展（见图1-1）。

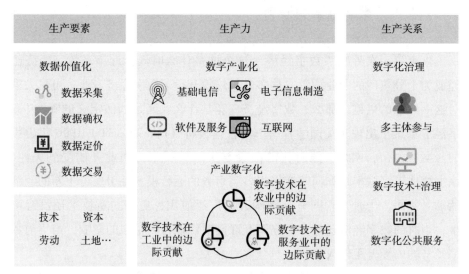

图1-1　数字经济的"四化"框架说明

资料来源：中国信息通信研究院. 全球数字经济白皮书［R］. 2024-01-09, http://www. ca-ict. ac. cn/kxyj/qwfb/bps/202401/t20240109_469903. htm.

1.1.2　数字经济成为"香饽饽"

数字经济的发展速度之快难以想象，成为各国的重点发展领域，是各国争先发展的"香饽饽"。中国信息通信研究院数据显示，2022 年，全球 51 个国家数字经济增加值规模达到了 41.4 万亿美元，同比名义增长 7.4%，占国内生产总值（GDP）的比重为 46.1%。从规模看，美国数字经济继续蝉联世界第一，2023 年规模接近 17.2 万亿美元，中国位居世界第二，规模为 7.5 万亿美元，德国位列第三，规模为 2.9 万亿美元。

发达国家和高收入国家在数字经济领域拥有明显的领先优势，其数字经济总量占全球比重均超过七成，且在各自国家的国民经济中占比也均超过五成。2022 年，英国、德国、美国数字经济占 GDP 比重位列全球前三位，占比均超过 65%。新加坡、中国、芬兰、墨西哥、沙特阿拉伯 5 国数字经济占 GDP 比重介于 30% ~ 45%。① 从整体看，中国、美国、欧洲基于市场、技术、规则等领域优势，持续加大数字经济发展力度，数字经济规模持续扩大，全球数字经济三极格局持续巩固。

从规模上看，美国数字经济多年来一直处于领先地位，远高于其他国家。追溯其历史，美国早在 20 世纪 90 年代就开启了数字经济发展的进程，并引领全球的数字经济发展。美国率先提出"信息高速公路"和"数字地球"概念，大力推动信息基础设施建设和数字技术发展。近年来，美国相继出台系列政策和发表相关报告，布局云计算、大数据、工业互联网、先进制造、5G、量子通信等前沿技术领域。美国政府极其重视数字经济相关先进技术的研发投入，通过资金、项目、机构等多种方式推进先进技术的研发，不断巩固其数字技术创新优势。

在欧洲国家中，德国和英国具有典型代表性。德国依托其制造强国的地位，在机械制造、电子技术工业及化工领域积累了生产优势，这些产业也成

---

① 中国信息通信研究院. 全球数字经济白皮书 [R]. 2024 – 01 – 09，http：//www.caict. ac. cn/kxyj/qwfb/bps/202401/t20240109_469903. htm.

为其最重要的发展领域。自 2011 年提出"工业 4.0"战略以来，德国致力于利用数字化技术和工业 4.0 的巨大潜力，夯实德国制造业的基础，从根本上推动了德国制造业的数字化转型。工业 4.0 的核心是"智能＋网络化"，基于网络物理系统（CPS）打造智能工厂，实现智能制造，在 CPS 技术、产品和智能制造技术上处于世界领先地位。德国工业 4.0 注重传统制造领域，将互联技术与传统工业制造相结合，提高生产效率。德国在制造业领域，尤其在精密仪器制造、模具设计、驱动系统、传输系统等核心领域和技术方面具有雄厚的知识积淀和技术基础。

英国作为第一次工业革命的发源地，享有"现代工业摇篮"的美誉。随着数字经济的兴起，英国积极打造世界数字之都，全面布局数字经济的发展。早在 2009 年，英国就提出了《数字英国》计划，旨在通过提升英国的数字基础设施水平，促进数字技术的广泛应用，同时采取了一系列措施，包括提高个人隐私数据保护力度、推动政府公共服务数字化、提升电子政务水平等，标志着数字化和数字经济在英国第一次以国家顶层设计的形式开展。英国政府坚持发展与规范并重，从数据保护、网络与信息安全、数字服务税、竞争监管等诸多方面出台了一系列制度和法案，不断完善数字经济的政策布局。在数字政府治理领域，英国发展较早，在 2012 年就推行了《政府数字战略》，并发布了系列措施，通过数据驱动推动政府转型与创新，解决数字政府建设中面临的基础设施、业务流程、人才招揽等问题。积极推动政府数据的开放共享，挖掘和释放数据的潜在价值。

我国数字经济建设始于 2015 年 7 月发布的《国务院关于积极推进"互联网＋"行动的指导意见》。2017 年，数字经济首次出现在政府工作报告中，这意味着数字经济发展已经上升到国家战略高度。我国数字经济早期发展得益于人口红利的先天优势，网民规模的高速增长推动了互联网行业的迅速崛起。依托完善的工业体系和丰富的应用场景，我国数字经济实现了跨越式发展，规模不断扩大，数字经济大国地位逐步巩固。目前我国已形成全门类现代化，制造业增加值稳居世界第一，是全世界唯一拥有联合国产业分类中全部工业门类的国家，形成了独立完整的现代化工业体系。另外，中国拥有 14 亿人口形成的强大内需市场，中等收入群体在 5 亿 ~7 亿人①，网民规模庞大。同时，中国居民消费呈现明显的高端化、智能化、服务化、个性化、绿色化、健康化趋势，巨大的国内市场为数字经济发展提供了良好的条件。

我国的数字经济发展仍处于赶超阶段，数字经济总量不足美国的一半，并且面临着大数据核心技术受制于人的困境，高端芯片、操作系统、工业设计软件等领域均是我国被"卡脖子"的短板，需要坚定不移走自主创新之路，加大力度解决自主可控问题。这些也将是我国未来数字经济发展的重要方向。

1.2　数字经济技术基础

人类每一次工业革命都可比作一辆列车，每一辆列车都在前一辆列车的基础上不断升级和改进。第一次工业革命的列车是蒸汽机，开启了机械化生产的时代；第二次工业革命的列车是内燃机，使得生产更加自动化和精细化；第三次工业革命的列车是电脑，推动了信息和通信技术的广泛应用，促进了数字化和网络化的发展；而正在进行的第四次工业革命的列车是数字智能，赋予机器更高的智能和学习能力，有望推动生产和服务行业的全面转型。这四次工业革命的列车都在不断加速前进，推动着人类社会的进步和发展。在当前数字时代下，最直接的驱动力是最新的数字技术，其中包括区块链、大数据、人工智能、物联网和云计算等。接下来让我们一同探究它们的神奇之处。

1.2.1　"超级记账师"——区块链

区块链是一种去中心化、不可篡改、可追溯、多方共同维护的分布式数

---

① 蔡昉：中国拥有世界最大中等收入群体　奠基超大规模消费市场 ［EB/OL］. 中国新闻网，2020 – 01 – 18，https：//m. chinanews. com/wap/detail/zw/cj/2020/01 – 18/9063597. shtml.

据库。区块链可以视为一本公共账本，其中包含所有经过验证的交易信息，每个区块都相当于自己抄了一个账本，而整个区块链网络则相当于所有记载账目的账本集合，改变一个账本无法改变账目信息。与传统的记账方式不同，区块链的记账是去中心化的，没有中心化的机构或个人掌控账本，而是由所有网络节点共同维护和验证，确保信息的安全性和可信任性。因此，区块链被形象地称为"超级记账师"，它不仅可以高效地记录交易信息，还可以实现去中心化、安全可信的记账。

区块链技术结合了加密算法、共识机制、智能合约、演化博弈和分布式等技术，可以利用计算机语言实现，具有良好的扩展性。一个完整的区块链具备以下五大特征：

（1）去中心化：没有一个中心机构或者个人掌控整个区块链系统，由所有节点共同维护和验证。

（2）可追溯性：所有的交易信息都可以被记录和追踪，任何人都可以查看和验证。

（3）不可篡改：一旦信息被记录在区块链上，就无法被篡改或删除，因为每个区块都包含了前一个区块的信息。

（4）匿名性：用户可以在不暴露个人身份的情况下进行交易和信息传输。

（5）智能合约：可以在区块链上执行自动化合约，实现自动执行、去中心化、不可篡改的交易（见图1-2）。

在数字经济时代，区块链技术快速发展并在企业和政府管理众多问题中得到应用，主要体现在以下几个方面：

（1）金融服务领域：区块链技术可实现去中心化的数字货币交易和结算，提升传统金融服务的效率和安全性，同时推动金融创新和金融普惠。

（2）物流与供应链管理：区块链技术可实现全链条的信息透明和可追溯性，使物流和供应链管理更加高效和透明，从而降低成本、提高效率、减少纠纷。

（3）政务管理领域：区块链技术可确保政务信息的安全、可信和防篡改，推进政务信息共享和跨部门协同，提升政府治理能力和服务水平。

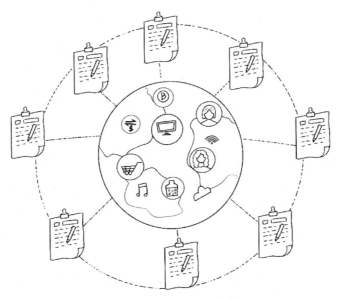

图 1-2 基于区块链智能合约

（4）知识产权保护：区块链技术可实现知识产权的数字化和去中心化管理，确保知识产权的安全、可信和防篡改，推进知识产权保护和创新发展。

（5）文化娱乐产业：区块链技术可实现版权保护和数字内容交易的去中心化管理，增强数字版权的流通和保护，促进文化娱乐产业的创新和发展。

综上所述，区块链技术在金融、物流、政务、知识产权和文化娱乐等多个领域都具有广泛的应用前景，为我国数字经济的发展注入了新的活力和动力。

1.2.2 "海量智能分析"——大数据

随着数字经济时代的到来和智能手机的普及，人们日常生活、工作和学习中产生的数据量不断增加，因此需要处理这些海量数据的技术，大数据技术应运而生。大数据是指在数据量、数据速度和数据种类等多个方面呈现出巨大规模、高速增长和多样性的数据集合。这些数据来源广泛，包括社交媒体、传感器、网站、移动设备等，涵盖从文字、图片、音频到视频等各种类型的数据。大数据技术是一种可以帮助我们收集、存储、管理、分析和利用大数据的技术和方法，可以帮助我们发现数据中的规律和价值，从而做出更好的商业决策、提供更优质的服务，并创造更多的价值。

大数据具有四个基本特征（4V），即容量（volume）、种类（variety）、速度（velocity）和价值（value）。容量和种类强调大数据规模之大，速度强调数据交互速度之快，价值强调在海量数据中，有价值的信息占比较小，具有低密度特性。除了这里的基本特征外，大数据还具有可变性（variability）、准确性（veracity）和可视化（visualization）等特征，也可称为"7V特征"。

随着大数据及其技术的不断进步与发展，大数据在各领域、各行业的应用日益广泛。在政务领域，利用大数据对所需的财政数据、管理数据等进行采集、分析和管理，从而提高行政管理能力、增强国家治理能力。在金融领域，运用大数据对金融数据进行采集、管理和分析，实现资本运营的预测并做出决策。在营销领域，利用社交大数据来收集和分析用户数据，对用户画像进行刻画，有针对性地进行广告投放和促销推送等，更有效地促进交易行为。在医疗领域，利用大数据研究电子病例，进行疾病诊断、分析病因、优化治疗方案等。在交通领域，利用物联网和全球定位系统（GPS）等大数据信息，预测路况，提前做好车辆分流，解决交通拥堵等问题。

如图1-3所示，我们现在使用的各类电子商务App，均在利用大数据技术进行个性化推荐，使得每个用户所见略异，实现"千人千面"，所以你看到的App首页与你同学和朋友看到的都不一样。其主要原理是利用用户历史行为数据和其他相关数据（如商品属性、用户位置、时间等）来预测用户的需求和兴趣，并向其推荐个性化的商品或服务。这种推荐系统可通过大数据技术进行数据挖掘和分析，以便更好地理解用户行为和偏好，从而提高推荐的准确性和效果。

图 1 - 3   大数据技术做个性化推荐

1.2.3 "超级大脑"——人工智能

人工智能（artificial intelligence）是一种利用计算机和其他相关技术模拟人类智能和认知能力的技术。它使计算机系统能够感知和理解环境，学习和适应新的知识和技能，推理和解决问题，以及进行自主决策和行动。人工智能技术包括机器学习、自然语言处理、计算机视觉、知识表示和推理、规划和决策等多个方面。

人工智能技术起源可以追溯到人们利用计算机进行的模拟。在不断的探索中，涌现出了大量的算法和技术，涉及我们生活和生产的各个方面。如图 1-4 所示，电脑对弈下棋、刷脸支付、语音系统识别等，这些都依赖于人工智能技术的支持。此外，智能手机芯片也得到了更新，专门为人工智能计算而设计。

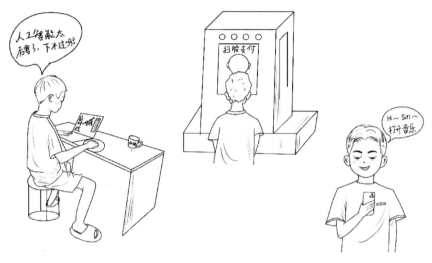

图1-4　人工智能技术正在改变生活

作为数字化技术中应用范围最广的一项技术，人工智能在数字经济的发展过程中扮演着重要角色。它在多个领域展现出了中流砥柱的作用，并拥有众多应用场景。

（1）智能客服：通过自然语言处理和机器学习等技术，人工智能使机器人能够理解和回答用户的问题，从而实现智能客服。这项技术有助于企业提高客户服务质量和效率，降低人力成本。

（2）金融风险控制：借助大数据分析和机器学习等手段，人工智能技术能够预测和控制金融市场的风险。例如，在股票市场中，通过分析历史数据和市场情况，人工智能可预测股票价格的涨跌趋势，协助投资者做出更明智的决策。

（3）智能制造：利用机器视觉和自动化控制等技术，人工智能技术可以实现智能制造。例如，在生产线上，人工智能技术可以通过自动化控制和物联网技术，实现对产品质量的实时监测和调整，提升生产效率，降低成本。

（4）智能交通：借助交通数据分析和智能交通管理等技术，人工智能技术可以实现智能交通。例如，在城市中，通过分析交通数据和智能信号控制，人工智能技术可以优化交通流量，减少拥堵，提高交通效率和安全性。

（5）医疗健康：利用数据挖掘和机器学习等技术，人工智能技术可以对大量医疗数据进行分析和挖掘，发现潜在的医疗问题和提供治疗方案。例如，在医疗诊断中，人工智能技术可以通过对大量病例进行分析和比对，提供更准确的诊断和治疗方案（见图 1-5）。

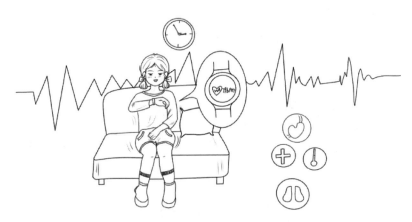

图 1-5　智能手表做检测和健康管理

1.2.4　"万物皆可连"——物联网

物联网是利用射频标签等可标识物体的技术与无线传感网络技术相结合的一种数字技术，旨在构建一个覆盖人与物、物与物的网络信息系统，实现物与人、物与物之间的信息交流。

在物联网中，每个"物"通常具备四种能力。首先是标识能力，能够对物体进行标识，提供物品定义、名称、方位等信息。其次是感知能力，通过各种传感器可以获取感兴趣的数据，实现数据采集。再次是通信能力，能够将感知到的数据传输到主机，解决数据高速、稳定传输的难题。最后是可控能力，计算机可根据用户设计的程序对传输数据进行分析，并通过固定方式实现特有目的，即解决"物"的可控制问题。

因此，物联网可被定义为一种特殊的网络，具备标识物体、全面感知、可靠传输、智能处理的特征，将世界万物连接起来，实现任何时间、任何地点、任何物体的连接（见图1-6）。

图1-6　万物相连时代

物联网的应用领域十分广泛，涉及医疗、交通、物流、安保等基础设施领域，有效地推动了这些领域的智能化发展，使有限的资源得以更加合理地利用和分配，从而提高了行业的效率和效益。

1.2.5　"徒手魔术师"——3D打印

3D打印技术，又称为"添加制造"技术，也被称为增材制造或增量制造，可以利用三维CAD模型数据，通过增加材料逐层制造的方式进行制造。3D打印技术犹如魔术师一样，能够"徒手"制造出各种奇妙的物品，将数字模型转化为实际的三维物体，从而达到"魔术般"的制造效果（见图1-7）。

图 1-7　3D 打印技术的建模和成型过程

相较于传统制造技术，3D 打印技术具有以下优势：

（1）灵活性：3D 打印技术能够制造出各种形状和大小的物品，并可以根据需求进行个性化定制。这种灵活性使得 3D 打印技术在医疗保健、建筑业、制造业等多个领域得到广泛应用。

（2）可定制性：由于 3D 打印技术能够根据数字模型制造物品，因此可以实现高度定制化的生产。这种定制性不仅可以提高产品的质量和价值，还能够满足客户的个性化需求。

（3）生产效率高：相较传统制造技术，3D 打印技术可大幅缩短制造周期、降低制造成本。这是因为 3D 打印技术可以直接通过数字模型制造物品，避免了传统制造技术中的多个加工步骤，从而提高了生产效率。

（4）创新性：由于 3D 打印技术能实现高度定制化和灵活性制造，因此能够促进产品和设计的创新。这种创新性为企业带来更多的商业机会和竞争优势。

（5）环保节能：3D 打印技术能够实现精准制造，减少了材料和能源的浪费。同时，3D 打印技术还能够大幅减少运输和储存过程中的能源消耗。

随着技术的不断发展和完善，3D打印技术在各个领域的应用越来越广泛，应用场景也愈加丰富多样。

在建筑设计工程施工方面，3D打印技术能够协助建筑师和设计师更精准地制作建筑模型和零部件，从而提高施工效率和质量。此外，3D打印技术还能够制造各种形状和大小的建筑元素，实现建筑设计的个性化和创新性。

在产品设计和制造方面，3D打印技术能够快速制造原型和零部件，加快产品开发和制造的速度。此外，3D打印技术还能实现定制化生产，为客户提供更加满意的产品和服务。

在汽车、船舶等部件制造方面，3D打印技术能够制造出高精度、高强度的零部件，提高产品的质量和可靠性。同时，3D打印技术也能实现零部件的个性化制造，为客户提供更加贴心的产品和服务。

在航空、航天、航海等领域，3D打印技术能够制造各种复杂的零部件和组件，提高飞行器和船舶的性能和可靠性。此外，3D打印技术还能实现轻量化设计，降低飞行器和船舶的重量和能耗。

在教育文化、影视传媒、文化创意等领域，3D打印技术能够制造各种艺术品和文化产品，满足人们对文化和创意的需求。此外，3D打印技术还可用于制作教学工具和模型，帮助学生更好地理解和掌握知识。

在骨科、牙科等医疗领域，3D打印技术可以制造高精度、高质量的医疗设备和人体器官，帮助患者恢复身体功能和提高生活质量。此外，3D打印技术还能实现个性化医疗，为患者提供更加满意的医疗服务。

随着3D打印技术的进步和成熟，将被应用到更广泛的领域中，这对于加速推进中国数字化制造进程具有重要意义和深远影响。3D打印技术的应用不仅可以提高产品质量和生产效率，还能够促进产品创新和设计创新，为企业带来更多商机和竞争优势。

1.2.6 "云上的工厂"——云计算技术

云计算属于分布式计算的一种，其最基本的概念是通过网络"云"将庞大的数据交由多部服务器组成的大型系统进行搜寻、计算、处理与分析，最后将处理得到的结果返回给用户。它的基本原理是将多台服务器或计算机连接起来，形成一个巨大的资源池，实现超级计算机的性能，同时又保证较低的成本。云计算的可贵之处在于其高灵活性、可扩展性和高性价比等。

更加形象的理解是，可以将云计算技术比作一座"云上的工厂"，如同工厂中的机器一样，云计算技术能够将计算和数据存储等功能集中在云端的数据中心，进行高效的处理和管理。同时，类似于工厂的输送带，云计算技术可以通过网络将计算和数据传输到用户的电脑或移动设备上，为用户提供强大的计算和存储能力。这种模式如同一座在云端运转的工厂，随时为用户生产并提供各种各样的服务，使用户无论何时何地都能享受到高效、便捷和优质的服务。

云计算能够将算力移到遥远的云端，用户只需携带简单的设备，可随时随地进行大规模计算等操作，更加便利。随着更多便携智能设备的普及，用户只需一台手机、平板，甚至智能手表，便能完成传统电脑的一些工作，通过强大的通信和网络技术连接，从而及时高效地完成任务（见图1-8）。

图1-8 云端服务

云计算的发展有利于加快软件和信息技术服务业的发展，深化供给侧结构性改革，推动互联网、大数据、人工智能和实体经济的深度融合，加快现代化经济体系建设。目前，在政府积极引导和企业战略布局的推动下，通过社会各界的共同努力，云计算已成为我国数字经济发展的重要支撑基础，并逐渐成为推动数字经济发展的重要驱动力。

1.2.7　"开启通用人工智能的钥匙"——大语言模型

大语言模型（Large Language Model，LLM）是基于海量文本数据训练的深度学习模型。其核心是使用大规模数据集对模型进行训练，从而使其能够理解、生成自然语言文本。这些模型通过层叠的神经网络结构，学习并模拟人类语言的复杂规律，达到接近人类水平的文本生成能力。

可以把它想象成一个特别聪明的语言机器人，通过计算机阅读大量的文字资料、学习语言的规则和模式。这个语言机器人背后的秘密是它的大脑，也就是那个由计算机程序设计的神经网络。这个神经网络像是一座巨大的图书馆，存储了数以亿计的字词和句子。语言机器人不仅能够读懂文字，还能够像人类一样用自然流畅的语言进行对话，并且给出聪明的回答。当我们向这个语言机器人提问时，它就会像是在图书馆里查找资料一样，在它的"大脑"中搜索答案，然后给我们一个回复。

为了更好地理解大语言模型，让我们解构一下 LLM 名称本身：

大（large）——意味着 LLM 在包含许多参数的庞大数据集上进行训练。例如，生成式预训练 Transformer 第 3 版（GPT－3）拥有超过 1750 亿个参数，并在约 45TB 的文本上进行训练。这就是它们能够具有如此广泛适用性的原因。

语言（language）——意味着它们专注于处理人类语言，理解、生成甚至模仿人类的语言。

模型（model）——代表着 LLM 所采用的技术和架构，通常基于深度学习中的神经网络模型，如 Transformer 模型。这些模型通过预训练和微调来学习语言的表示和生成，具有很强的泛化能力，可以适用于各种文本处理任务。

OpenAI 的 GPT（Generative Pre-trained Transformer）系列是大语言模型

的典型代表之一，目前公认为最强的 GPT - 4 架构已经在数十亿的单词上进行了训练。自 2019 年的谷歌 T5 到 OpenAI GPT 系列，当前已经涌现出多种大语言模型，如图 1 - 9 所示。

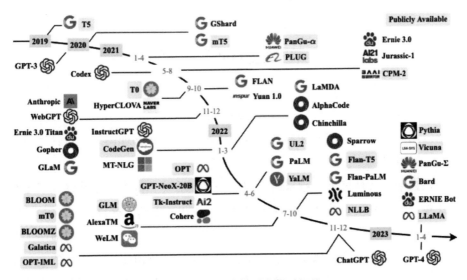

图 1 - 9　大语言模型发展时间线

资料来源：大模型综述出书了［EB/OL］. 中国人民大学高瓴人工智能学院官网，2024 - 04 - 26，http：//ai. ruc. edu. cn/research/science/20240426001. html.

LLM 的一些常见用途包括：

（1）自然语言理解。LLM 能够训练模型从语料库或单词序列中识别句子的语法、含义和意图，实现自然对话，甚至进行多种语言的翻译。

（2）情感分析。凭借对语言细微差别和上下文的深刻理解，LLM 可以准确地判断社交媒体帖子、客户评论等文本背后的情感，甚至可以识别复杂的主题和争论。

（3）摘要和信息提取。LLM 可以从长篇文章、新闻报道、研究报告、公司文档等大型文本文档中提取有意义或关键的信息，并将其改写为更短、更易于理解的摘要。

（4）文本生成。LLM 可用于自动创建各种用途的文本，包括文章、博客文章、营销文案、视频脚本和社交媒体更新等。

（5）代码生成。LLM 能够协助开发人员构建应用程序、查找代码中的错误，发现多种编程语言的安全问题，甚至在它们之间进行"翻译"，从而帮助程序员编写、审查和调试代码。

1.3　数字经济对管理学的影响

数字经济的快速发展已经成为全球经济的重要趋势，其中数字化技术的广泛应用改变了各个产业和各社会领域的运营方式和管理模式，对管理学的影响也日益显现。

在数字经济环境下，越来越多的经济社会活动和行为轨迹都以数字化的形式被记录下来，形成了各种各样的数据资源。这些数据资源包含大量信息，可以为各种管理决策提供重要的参考和支持。数字经济主要包括四个部分：数字产业化、产业数字化、数字化治理和数据价值化。其中，数字产业化和产业数字化是数字经济发展的基础，涉及数字技术在各个产业领域的应用和推广。数字产业化主要指数字技术在产业领域中的应用和推广，包括数字内容产业、数字娱乐产业、数字出版产业等。产业数字化则是指将传统产业中的各种业务、流程和数据等数字化，以提高效率和降低成本。

数字化治理和数据价值化体现了数字经济对管理学的重要影响，直接反映了数字经济对管理模式的改变。数字化治理是将数字技术应用于社会治理和公共服务领域，提高治理效率和服务质量。它可协助政府和企业更好地管理和分析数据，制定更加科学有效的管理决策。例如，政府可通过数字化治理实现公共服务的数字化，提高公共服务的智能化和便利性。同时，数字化治理还可以有效地应对环境污染、交通拥堵等社会问题，提高社会治理的效率和精准度。

数据价值化是将数据资源转化为经济价值的过程，包括数据采集、分析和应用等。数据价值化可以帮助企业和政府更好地理解和运用数据，创造更多的商业价值和社会价值。例如，通过数据价值化，企业可以更好地了解市场和客户需求，为产品和服务提供更好的定制化和个性化服务，进而提高市场竞争力。同时，数据价值化也有助于政府更好地了解公众需求和意见，制定更加科学有效的政策和措施，提升公共服务的质量和效率。

总之，数字经济对管理学的影响日益显现，数字化治理和数据价值化的推进将为各个产业和社会治理带来更多创新和发展机遇。数字经济的发展将不断推动管理学的进步，为各个产业和社会治理提供更加科学有效的支持和服务。

新的数字化技术应用产生了大量的数据资源，为企业带来了机遇和挑战。例如 3D 打印技术的应用提高了产品设计能力，缩短了原型设计到投产的时间，同时也降低了企业满足消费者个性化需求的成本，使得企业不断优化运营流程、提高生产效率。这一技术的影响远大于当前的应用，尤其是新冠疫情暴发后，传统医疗设备和防护用品的制造商在满负荷生产的情况下，仍然难以满足当时的紧急需求，而且交通运输受阻等问题使得关键医疗物资严重短缺。然而，3D 打印技术的应用却为满足这一紧急需求提供了新的途径。设计人员上传数字化设计文档后，各地可以立即进行生产打印，在关键时期制造出检测设备、防护面罩、呼吸机分流管、隔离舱等关键应用设备，体现了前所未有的价值。这种转变不仅仅意味着企业从存储实物产品到存储产品电子文档的服务方式发生了根本性改变，同时也为商业创新提供了无限可能，从根本上改变了传统的商业逻辑和管理思维，对现有商业模式提出了新的挑战。

数字经济时代，大数据、数据挖掘和人工智能等新技术的应用正在对管理学的研究方法和研究范式产生重要影响，促使其不断创新。可主要从以下几个维度进行分析：

（1）从模型驱动到数据驱动：数字经济下的管理学研究方法从传统的基于模型假设的分析转变为基于数据分析的方法。机器学习算法能够直接从数据中获取参数和关系，这是管理学研究范式的重大改变之一。

（2）从低维建模到高维建模：数字经济下，可利用的数据量增加，可以应用大数据分析技术和数据挖掘技术，突破高维求解的局限性，使问题求解更加真实有效。

（3）从结构化数据到非结构化数据：数字经济下，更多的非结构化数据包括文本、音频、图像、视频等应用到管理问题研究中，能更好地刻画人的行为和经济活动。人工智能技术在处理非结构化数据时更为有效，能够更好地进行发展趋势、情感分析、满意度分析、行为习惯分析等工作。

（4）从人工分析到智能分析：数字时代下，人工智能和机器学习成为重要的分析工具，商务智能系统的应用成为必然趋势。智能化过程由计算机和相关系统完成，最终完成所有的管理决策和智能分析过程。

第 ❷ 章

数字经济管理的理论基础

新一代基于信息技术的数字经济已成为推动国家经济和社会发展的引擎。数字经济以其独特的优势，高效利用信息技术和数字资源，推动着经济的高质量变革。因此，如何有效管理数字经济成为当前经济社会持续发展的重要问题。数字经济的出现改变了经济学和管理学的研究理论、思想和方法，催生了数字经济下的管理问题研究范式变革。数字技术革命不仅改变了研究方法，还催生了新的研究方法。本章将重点介绍数字经济下的新型管理理论和研究方法，包括复杂系统管理理论和大数据决策等方面的研究，以探讨数字经济下的管理决策问题。

2.1 复杂系统管理

在数字经济时代，信息技术和交通技术快速发展，使得信息流、资金流、物流和人流迅速连接了整个世界。这不仅提高了社会系统的复杂性，也使得社会系统的运行和管理变得更加困难。随着数字技术的进步，越来越多的智能设备和复杂产品涌现，其生产过程变得越来越复杂，零件也愈加繁多，供应链也日益庞大。例如，在生产智能手机的过程中，超过 200 家不同的企业提供零部件，如何管理这样庞大的供应链是一个复杂的系统管理问题。从系统科学的角度来看，当前许多企业和政府所面临的管理问题都是典型的复杂系统问题。

2.1.1　复杂系统理论

传统的管理方法采用还原论，这种方法将复杂问题分解为多个小问题，逐步研究每个小问题，最终解决整体问题。还原论方法源于自然科学研究，例如物理学，通过分解对象来研究它们的构造和运行规律。然而，在管理实践中，人们面临的问题往往更为复杂，因为这些问题不仅受到客观因素的影响，还受到人们认知和解决问题能力的限制。因此，需要更先进的方法来解决复杂的管理问题。

随着科学的发展，出现了许多无法用还原论解释的复杂现象，例如自组织、从无序自发产生有序等。这些现象被称为"复杂性"，科学家们为了研究这些现象创立了许多新的理论和术语。其中，复杂适应系统理论就是其中之一。这种理论的出现使得人们可以更好地理解和管理复杂系统。

2021 年，诺贝尔物理学奖被授予真锅淑郎、克劳斯·哈塞尔曼和乔治·帕里西，以表彰他们对复杂物理系统的开创性贡献。这表明，复杂性理论的研究已成为当今世界科学研究的前沿，也为解决复杂的管理问题提供了新的思路。

2.1.2　复杂适应系统理论

复杂适应系统（Complex Adaptive System，CAS）理论认为，系统的演化动力来自系统内部，而不是外部因素。这种理论采用了"自下而上"的研究方法，注重系统内部元素的相互作用，揭示了客观事物构成的原因及其演化历程。CAS 理论的核心思想是适应性造就了复杂性。

在 CAS 理论中，最基本的概念是具有适应能力的主体。这些主体能够感知和作出反应，具有目的性、主动性和积极性，能够与环境和其他主体进行交互作用，自动调整自身状态以适应环境。通过与环境和其他主体持续的交互作用，这些主体不断"学习"或"积累经验"，并根据所学到的经验改变自身的结构和行为方式。整个宏观系统的演变或进化，包括新层次的产生、分化和多样性的出现，以及新的、聚合成更大的主体的出现等，都是在适应性原则的基础上逐步演化出来的复杂性。

CAS 理论的一般特征包括基于适应性主体、共同演化、趋向混沌的边缘和产生涌现现象。基于适应性主体指的是这些主体具备感知与反应的能力，能够与环境和其他主体互动，并自动调整自身状态以适应变化。共同演化是指适应性主体不仅是个体的演化，而且是共同演化，产生无数能够完美地相互适应并能够适应于其生存环境的主体。趋向混沌的边缘是指复杂适应系统具有将秩序和混沌融入某种特殊的平衡能力，它的平衡点就是混沌的边缘。产生涌现现象是指涌现现象最为本质的特征是由小到大、由简入繁，遵循简单规则的适应性主体，达到一定数量后，通过相互关系作用，就会产生涌现现象。

与传统方法相比，CAS 理论的研究方法独具特色，将定性判断与定量计算相结合、微观分析与宏观综合相结合、还原论与整体论相结合、科学推理与哲学思辨相结合。CAS 理论提供了一种全新的思路和方法，为人们认识、理解、控制、管理复杂系统提供了有益的启示和帮助。

智能手机控制智能家居是一个复杂系统控制的典型例子。智能家居包括智能灯具、智能窗帘、智能门锁、智能音响等，智能手机可以通过连接这些智能家居的应用程序来实现对它们的远程控制。

在智能家居系统中，智能手机作为控制中心，需要同时控制多个设备。这种控制需要考虑多个因素，如设备之间的联动关系、设备的运行状态、用户的需求等。例如，当用户离开家时，智能手机可以通过应用程序关闭智能灯具、智能窗帘和智能门锁，以确保房间的安全性。当用户回家时，智能手机可以通过应用程序打开智能灯具、智能窗帘和智能门锁，以提供一个舒适和安全的家居环境（见图 2 - 1）。

智能家居系统是一个复杂的系统，它包括多个设备和多个输入输出变量。智能手机需要通过应用程序对这些变量进行实时监控和控制，确保系统的正常运行。此外，智能手机还需要考虑用户的行为、设备的运行状况和环境因素等，做出适当的决策。这需要一定的计算机技术和控制算法支持，采用适当的复杂系统控制方法，才能确保智能家居系统的高效运行和良好的用户体验感。

图 2 – 1 智能手机控制整个智能家居系统

2.1.3 管理的系统性和复杂性

2.1.3.1 管理的系统性

管理问题通常是指在特定的环境条件下，以人为中心，通过计划、组织、指挥、协调、控制及创新等手段，对组织所拥有的人力、物力、财力、信息等资源进行有效的决策、计划、组织、领导、控制，以期高效地达到既定组织目标的复杂系统管理逻辑与思维。管理的核心是人，因为管理活动源于人类的生产活动。任何生产和创造活动都有特定的整体目标、结构，并呈现为一个完整的过程。因此，任何管理也必然具备自身的整体性和过程的完整性。例如，任何管理都包括一定的管理环境、特定的管理目标、明确的管理主体、管理对象、管理组织、管理资源、管理问题及相应的管理流程和方法等。这些构成了管理活动的组成要素，彼此相互关联，使管理活动完整有序，并发挥出促进生产、创造等实践活动有序和高效的功能。因此，整体性与功能性是管理活动两个最基本的属性。这些管理的"特定功能"与"整体性"正是"系统"的核心属性，这再一次凸显了管理属性的系统性内涵。

例如，企业的管理问题就是一个系统性问题。企业的管理问题不仅受单一因素如经济、竞争、政策等影响，而且是由多种因素相互作用产生的。企业的管理问题涉及组织结构、人员管理、产品研发、市场营销、财务管理、供应链管理等多个方面，这些方面的变化和影响会相互传递和放大，从而影响整个企业的运作和效果。

因此，解决管理问题需要从系统性的角度进行分析和解决，考虑整个系统各个方面之间的相互关系和作用，以及它们对整个系统的影响。这有助于管理者更全面地了解问题的本质和影响，制定更有效的管理策略和措施，提高企业的管理水平和效率。

2.1.3.2　管理的复杂性

管理属性从系统性到复杂性的演化趋势，最重要的意义是让人们认识到无论在进行管理学术研究还是开展管理活动实践，都要有建立管理复杂性的思维意识。

管理问题的复杂性指的是管理问题通常是由多个因素和变量相互作用而成，这些相互作用关系往往是非线性的、动态且复杂的，难以通过简单的规则或模型描述和解决。这使得管理问题具有不确定性、难以预测和控制等特点，需要综合考虑多方面因素和变量，从多个角度来分析和解决问题。

举例来说，一个企业要成功，需要考虑多个方面的因素和变量，如市场需求、产品质量、营销策略、供应链管理、人员管理等。这些因素和变量之间相互作用、相互影响，难以通过简单的规则或模型来描述和解决。例如，市场需求的变化可能会导致产品质量的变化和营销策略的调整，而营销策略的调整又会影响市场需求和产品质量的变化。这些相互作用和影响可能是非线性的、动态的、复杂的，难以预测和控制。

同样地，一个组织要成功，也需要考虑多个方面的因素和变量，如组织结构、人员管理、沟通协调、目标管理等。这些因素和变量之间也是相互作用、相互影响，难以通过简单的规则或模型来描述和解决。例如，组织结构的调整可能会导致人员管理的变化和沟通协调的难易程度增加，而沟通协调的难易程度又会影响组织结构和人员管理的变化。这些相互作用和影响同样可能是非线性的、动态的、复杂的，难以预测和控制。

因此，管理问题的复杂性需要我们从整体上考虑和分析，需要综合考虑多方面因素和变量，从多个角度来分析和解决问题。这需要我们具备系统思维、创新思维和协作能力，从而更好地应对和解决复杂的管理问题。其基本结构和相互关系如图 2 - 2 所示。

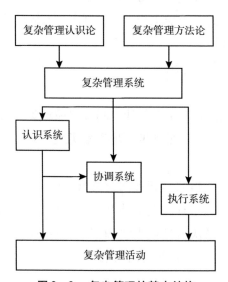

图 2 - 2　复杂管理的基本结构

2.1.3.3　复杂管理的方法论

通过对管理活动属性认知的演变，可以发现人们对管理这一人类实践属性认知的升华。根据认识论与方法论的辩证关系，这一升华必然导致人们在这一领域内方法论的变革，反之，基于不同的方法论又可以凝练出不同的管理模式。表 2 - 1 中详细梳理了基于方法论的管理模式的历史演进。

表 2 - 1　　　　　　　　　基于方法论的管理模式的发展

管理模式	管理对象	关键管理技术	管理方法论
经验管理	个体	归纳	复制
科学管理	亚系统	共性提取	标准化
系统管理	系统	系统分析	系统原理
复杂性管理	复杂系统	复杂性分析	综合集成

在我国，复杂系统管理具有极其丰富的实践基础，并为复杂系统管理思想、经验与理论提供源源不断的动力。几十年来，我国的航天工程与"两弹一星"实践成果最好地展现了我国复杂系统管理实践与学术思想的紧密结合。这些成就既包括复杂系统管理思想与理论等方面的原创性成果，也包括对复杂系统管理实践方面的系统性贡献。这些巨大成就在全球范围内独具引领地位，充分彰显了我国复杂系统管理的强大力量。

如今，在我国复杂系统管理已经成为社会经济重大工程等各个领域普遍的重要实践形式。我国迎来了新发展阶段，需要贯彻新发展理念，构建新发展格局，随之而来的问题变得愈发多样化和复杂化，进一步全面深化改革同样是一项复杂的系统工程。系统工程是组织管理的一门技术。我国全面深化改革实践既是复杂系统的实践，也是复杂系统管理的实践，为我国全面深化改革指明了复杂系统管理的思维原则（见图 2 -3）。

图2-3   复杂系统管理实践

+-+

案例2-1：大兴国际机场的修建是处理复杂系统工程管理问题

大兴国际机场（见下图）是我国迄今为止一次性建成的规模最大的空地一体化交通枢纽，其设计目标为年均客流量7200万人次，总计划投资达4500亿元。自2014年12月开工以来，该工程通过政府、行业以及20多家投资建设主体相互协作、跨区域顶层协商的工程实施系统，克服了工程要素和子系统紧密关联、运作环境多元动态等系统复杂性挑战，有力地推动了工程的实施。尽管前3年建设已顺利实现了里程碑节点，然而2018年4月确定的机场工程通航进度目标给当时的工程管理模式带来了巨大的复杂整体性挑战，需要在较短的时间内对工程管理模式进行整体性重构和变革，以实现大兴机场的开航目标。

为此，政府部门和主要投资建设单位积极应对，在工程冲刺阶段推动整个工程管理思维范式的艰难转变，实现了从复杂项目管理到复杂系统管理的

图　北京大兴国际机场鸟瞰图

管理模式转型变革，克服了工程复杂整体性挑战所带来的各种不利影响，通过一年半的时间实现了大兴机场的开航目标，创造了世界同类工程建设史上的奇迹。

在工程建设阶段，大兴机场主要从计划、组织和管理三方面构建了一个面向工程现场的进度管理模式。在计划管理方面，工程根据一般项目管理的基本原则，通过对整个工程项目工作进行层次分解和细化梳理，初步形成大兴机场工程整体工作分解体系，并最终确定首都机场集团等 20 多家单位作为大兴机场的直接投资主体。各部分工程分别由各责任投资单位组建建设单位，承担相关工程的具体计划和实施工作。大兴机场根据参建单位层级及其在计划中的管理分工构建了自上而下的进度目标计划体系，包括投资主体总体进度目标、各投资主体总进度计划、承建单位实施性进度计划和施工单位操作性工作计划。

在组织管理方面，除了建立多层次的目标责任实施组织体系外，还特别注重顶层设计和协调。为加强投资主体之间的横向协作，建立了指挥长联席会议、信息沟通机制等，重点解决界面冲突、管理技术标准等综合管理问题。

在流程管理方面，设计了自下而上的计划信息上报流程，依靠各投资主体对现场信息进行定期的搜集、汇总和分析。每月，施工单位会以简报材料的方式向各投资主体汇报工程进度，由其汇总成进度报告。各投资主体建设指挥部将各工程实际进度进行汇总，检查月度计划执行情况，分析偏差对年度计划和总体计划的影响，特别是对关键线路上控制性工程的进度影响，研究相应的问题解决方案。

总体而言，大兴机场的工程管理模式具有以下特点：

（1）以复杂系统管理为导向，注重系统思维和整体性管理。针对工程系统复杂性，从传统的项目管理模式向复杂系统管理模式转型变革，实现了工程管理思维的跨越式升级。

（2）以计划、组织和流程管理为核心，采用多层次的目标责任实施组织体系，建立了自上而下的进度目标计划体系，实现了投资主体之间的协同作业和信息共享。

（3）以信息化和数字化技术为支撑，建立了工程管理信息系统，实现了进度信息的实时监控、预测和调整，提高了决策效率和工程实施质量。

（4）以人才培养和创新驱动为动力，注重培养和引进高素质的工程管理人才，推动工程管理的创新和发展。

大兴国际机场工程管理模式的成功应用，为我国复杂大型工程建设提供了宝贵的经验和启示，为我国工程管理的现代化和科学化提供了有力的支撑。

资料来源：乐云，胡毅，陈建国，等. 从复杂项目管理到复杂系统管理：北京大兴国际机场工程进度管理实践［J］. 管理世界，2022，38（03）：212－228.

+·+

2.2　大数据决策范式

在数字经济时代，管理决策面临着巨大的转变，总体来说是由模型驱动为主的研究范式向融合模型与数据驱动的新型研究范式的转变，统称为大数据决策范式。接下来，我们将从管理决策理论出发，介绍这一以数据驱动为主的重要研究范式。

2.2.1　管理决策理论

什么是管理决策？其实就是为了达到目标或者解决问题而设计和选择方案的过程。决策科学正是研究这一过程的学科。在管理决策中，存在一些常用的方法和理念，被称为管理决策范式。决策过程包括多个步骤，比如先诊断问题、明确目标，再拟订方案、筛选方案、执行方案，最后评估效果。决策的核心目标在于解决问题或者抓住机会。为了做出明智的决策，信息的收集至关重要。然而，信息的收集也是有技巧的，因为信息的数量和质量将直接影响决策的水平。因此，在决策之前，管理者需要收集尽可能多的信息，但是如果信息太多，组织的经济性会被减弱。如果信息太少，可能会导致决策达不到效果。所以，收集适量的信息是非常重要的。

随着大数据时代的到来，信息获取变得更加容易，这为我们做出更明智的决策提供了可能。然而，如何利用这些数据和信息，并从中获取有用的知识来指导我们的决策，成为智能决策的关键技术——数据挖掘。接下来，我们将详细介绍与数据挖掘相关的内容，从管理决策的条件逻辑出发，着重讨论大数据时代下的决策范式变化。

过去，人们认为决策的目标是获得最大的经济利益。在经济人假设的基础上，提出了古典决策理论。这一理论假设决策者是完全理性的，能够充分了解所有相关信息，从而做出最佳决策。然而，行为决策理论的发展改变了这一观点。行为决策理论认为决策者并非完全理性，而是有限理性的。在高度不确定和极其复杂的现实决策环境中，人们的知识、想象力和计算力是有限的。决策者在识别和发现问题时容易受到直觉偏差的影响，在对未来情景做出判断时，更多地依赖直觉而非逻辑分析。此外，由于时间和资源的限制，即使决策者充分了解和掌握有关决策环境的信息情报，也无法全面掌握所有可能性。因此，决策者的选择是相对理性的。

在风险型决策中，与追求经济利益相比，决策者对待风险的态度更为重要。决策者在决策中通常追求令人满意的结果，而不愿费力寻求最佳方案。为了避免给组织带来不必要的风险和损失，林德布洛姆提出了"渐进决策"

模式，认为决策过程应该是一个渐进的过程，而非一蹴而就。这也表明了决策不能只遵守一种固定的程序，而应根据组织外部环境与内部条件的变化及时进行调整和补充。

在动态决策理论中，个体需要不断地从环境中收集新的信息来做出一系列决策。此外，在动态决策过程中还需考虑个人偏好和集体选择之间的关系。而社会决策理论则更加注重群决策、博弈论和社会选择等方面的内容。

综上所述，管理决策的范式经历了由静态到动态、由完全理性到有限理性、由单目标到多目标的发展历程。在大数据环境下，我们需要不断吸收统计学、计算机科学、心理学、社会学等相关学科的知识，以适应不同的决策场景。如今，我们需要利用数据挖掘技术更好地利用大数据，从而做出更明智的决策。

2.2.2　大数据决策范式转变

大数据环境下，管理决策正在从关注传统流程转变为以数据为中心，各参与方的角色和信息流向更加多元和交互，这使得新型管理决策范式呈现出大数据驱动的全景式特点，在信息情境、决策主体、理念假设、方法流程等决策要素上发生了深刻的转变，如图2-4所示。

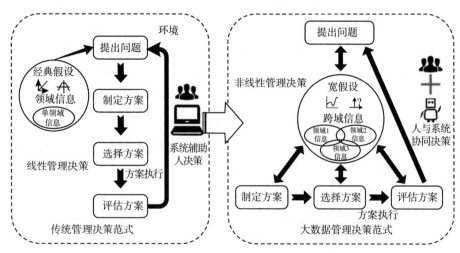

图2-4　大数据管理决策范式的转变

1. 信息情境的跨域转变

在数字时代，我们需要更多的数据和信息来建立决策模型。以前的决策理论忽略了人的差异和环境因素。现在的决策理论更注重个体行为信息和环境信息的分析，而决策支持系统进一步将决策者与外部信息环境的交互作用融合在一起。但传统的管理决策更多的是关注领域内的信息，当领域内信息难以获取，或数据类型、数据量复杂时，传统决策方法只关注重要因素和参数，而忽略其他因素。在数字经济时代，大数据技术的发展使得跨域信息的补充成为可能，从而提升了管理决策的准确性。融合领域外大数据和领域内传统信息，为经典管理决策模型添加了新的信息要素，能够有效地突破领域边界。对于复杂的环境因素，使用更多、更全领域内的信息对决策具有重要意义，也使得相关决策支撑信息从单领域延伸至多领域交叉融合。

2. 决策主体转变

在传统决策理论中，决策主体通常由个人或组织等管理执行者组成。然而，在大数据环境下，决策主体发生了重要变化。现在的决策主体已经不再是单一的组织或个人，而是由人、组织和人工智能的结合构成。因此，在未来的管理决策中，人和智能机器将共同分析和判断决策目标、方案和信息，从而形成有效的决策。在某些情况下，甚至由智能机器做出主要决策，人只需要在特殊情况下参与。

这种主体转变使得数字化和智能化的技术可以被广泛应用于管理决策的整个过程，包括方案制定、决策执行、评估和反馈等多个关键环节。在传统决策理论中，决策者往往无法在决策之前获得全部信息并给出所有备选方案，但在数字时代，新技术的应用使得数据的获取变得相对简单，更强大的数据处理和分析能力也得到了提升。海量数据的获取使得更多的决策要素被纳入决策方案制定过程中，提升了决策的智能水平，使得决策过程更加透明。机器学习和数据挖掘方法可以根据获得的数据进行智能化分析，并提供智能建议，避免决策者的主观理解和解释偏差。

随着人机协同理论和应用的进一步发展，新型管理决策范式以人和智能机器共同作为决策主体，逐渐趋向于管理决策全过程的主体智能化。

3. 假设转变

传统的管理决策方法是基于模型驱动的，构建模型时需要遵循领域内的经典理论假设，以确保模型的可求解性。例如，在理解消费者行为时，我们常假设消费者的行为决策是完全理性的，对商家营销的反馈遵循归因理论。然而，随着决策理论的演化和新的求解技术的更新，这些假设不断变化。在数字经济时代，大数据和人工智能等技术的强大求解能力使得管理决策对于理论假设的依赖性大幅减弱。

一方面，人们已经意识到相关假设的局限性，并且明白模型无法代替真实的情形，或者无法刻画和衡量更多的重要因素，因此采用了简化方式。例如，传统方法和手段难以精确刻画情感和态度等行为因素，但通过大数据技术和自然语言处理等方法，我们可以突破这些局限，拓展了更多重要信息的刻画程度，并将其引入决策模型中。

另一方面，大数据和人工智能的新方法可以有效识别假设模型与现实情况的差别。例如，经典假设中的不确定性变量通常假定服从某些可求解的经典分布，如均匀分布、正态分布等，但实际的分布情形可能极不规则且复杂。利用大数据技术可以精准描述并拟合出变量的真实复杂分布情况，使管理决策更加准确有效。这意味着我们能够更准确地看待理解消费者行为、分析金融市场环境、管理产品库存等各种决策问题，从而提升决策的质量和效率。

4. 流程转变

传统的管理决策方法通常是按照特定步骤进行的，然而在数字经济时代，随着大数据和人工智能技术的发展，管理决策变得更为精准有效。如今，我们可以基于多维数据整合，提出非线性决策流程，例如根据患者历史就诊数据和各方面健康信息，制定针对性的健康管理方案。此外，大数据具有动态交互刻画的特性，使得非线性、非单向的状态变化能够被精准发现并及时调整决策过程，例如通过实时数据监测生成应急疏散路线。数字经济时代也催生了大数据驱动的新型决策范式，例如构建以消费者为中心的消费市场大数据体系，形成面向消费者全生命周期、非线性的市场响应型营销管理决策新模式。然而，我们还需要考虑数据获取的成本和时间，以及人们对大量数据的消化能力，因此在某些环境下需要考虑"大数据中的小数据"进行决策。总之，数字经济时代的发展对管理决策的研究和实践带来了持续性冲击，需要建立科学完整的管理决策新理论和新模型，并制定可应用实践的新规范和新标准。

第 3 章

企业的"新总管"——商务智能系统

随着信息化时代和经济全球化的发展，企业数据不断增长，如何充分利用这些数据，帮助企业做出明智的决策、提高管理能力，并挖掘商业价值，已成为企业智能化的重要需求。商务智能系统的出现为企业提供了解决方案，它能够整合数据并将其转化为有用的信息和知识，从而提高企业的管理和决策能力。目前，越来越多的企业开始应用商务智能系统进行运营管理。在数字经济时代，数据成为企业活动的重要要素，也推动了商务智能的发展，未来更加精细化、智能化和自动化的商务智能将在企业活动中发挥更为重要的作用。

3.1　什么是商务智能

3.1.1　商务智能定义与特点

商务智能（Business Intelligence，BI）是一种利用数据仓库、数据挖掘、数据分析等技术，将企业内外部的海量数据转化为有用信息，并提供给企业管理者和决策者的数据分析和决策支持工具。商务智能系统可以帮助企业实时监控和分析业务数据，快速发现趋势和问题，提供预测性分析和决策支持，助力企业提高效率、降低成本、优化业务流程和提升竞争力。

商务智能的本质上依然遵循信息科学研究基本范式，即从数据分析中获得信息，信息提炼为知识，然后用知识指导决策，但其也有自己的特点。首先，商务智能研究的问题和数据来自商业活动的实际背景，需要从商务活动实际需求出发，对于数据的处理需要基于业务知识和业务问题的理解。在分析过程中，智能算法和大数据等技术的应用在建立模型、预测业务等方面，充分体现了智能化特征。其次，商务智能系统面对不同行业应用场景，在运营分析、战略决策、企业绩效管理、评价与预测等方面，取得不错的效果。最后，随着最新智能技术应用到系统中，使得商务智能系统的云端化、自动化，智能程度更高，并涉及更全面的商业场景。

商务智能被称为企业的新总管，是因为它有助于企业管理者和决策者更好地了解企业的运营情况，快速做出决策并优化业务流程，从而提高企业的效率和竞争力。商务智能系统可以帮助企业管理者和决策者实时了解企业的各项运营指标，如销售额、库存数量、客户满意度、市场份额等，快速发现问题并及时采取措施。商务智能系统还可以基于历史数据和趋势预测分析，帮助企业预测未来的趋势和变化，为企业的决策提供有力支持。

3.1.2 商务智能系统框架

商务智能系统是一种利用各种数据处理技术来挖掘重要信息并应用于企业决策，以解决企业运营中的业务问题的工具。这一系统通过整合销售、生产、采购等内部系统和外部数据，经过数据获取、管理、分析和展现四个重要环节的处理，最终将结果呈现给决策人员、管理人员和分析人员等用户。商务智能系统由数据仓库系统、数据挖掘技术和可视化呈现等核心部分组成，构成了商务智能系统的基本数据流程。图 3-1 展示了商务智能系统的基本架构。

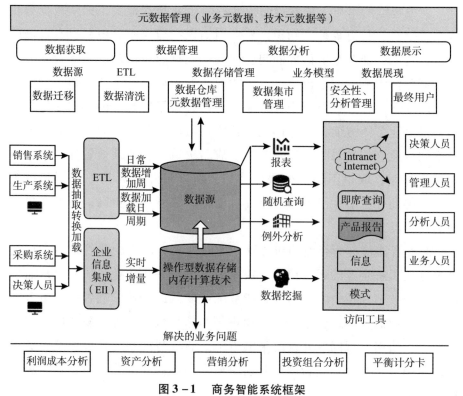

图 3 - 1　商务智能系统框架

3.2　数据的汇集地——数据仓库系统

3.2.1　数据源与数据处理

　　数据是数字经济的核心要素，也是商务智能系统的重要基础。数据仓库是专门用于存储企业内部和外部数据的系统，它可以将来自不同数据源的数据进行整合和转换，形成一个统一的、适合分析的数据集合。通常，数据仓库包含历史数据和当前数据，为企业的管理和决策提供了重要支持。

数据仓库内部的数据来源非常广泛，主要包括企业内部的各种业务系统以及外部的市场数据、供应链数据、社交媒体数据等。这些数据需要经过抽取、转换和加载等一系列处理过程，才能成为数据仓库中可用的数据。数据抽取是指从源系统中提取数据到数据仓库中，数据转换是指对提取的数据进行清洗、合并、格式化等处理，数据加载是指将处理后的数据加载到数据仓库中。

数据仓库内的数据处理包括数据存储和数据分析两个方面。数据存储是指将处理后的数据存储到数据仓库中，数据仓库的存储通常采用星型或雪花型结构，以便于数据的分析和查询。数据分析是指对存储在数据仓库中的数据进行各种分析，包括多维分析、数据挖掘、预测分析等。多维分析是指基于多维数据模型进行分析，帮助用户从不同维度观察数据；数据挖掘是指从数据中自动发现隐藏的模式和规律，并提供决策支持；预测分析是指基于历史数据和趋势，进行未来预测和预测分析。

综上所述，数据仓库是企业内外部数据的集合，通过数据抽取、转换和加载等处理过程，将不同数据源的数据整合起来，形成一个统一的数据集合。数据仓库内的数据来源广泛，数据处理包括数据存储和数据分析两个方面，其中数据存储采用星型或雪花型结构，数据分析包括多维分析、数据挖掘和预测分析等。数据仓库的建设和应用有助于企业实现数据资产化，提高数据利用率和决策效率。

3.2.2　数据仓库的构建

数据仓库是商务智能系统中至关重要的一部分，也是管理系统的重要区别之一。它是一种面向主题的、集成的、稳定的、时变的数据集合，旨在支持经营者在管理决策制定过程中的需求。数据仓库并非市面上可直接购买的产品，而是一种面向分析的数据存储方案。

数据仓库的数据来源非常广泛，包括企业内外部的各种数据源。在数据进入数据仓库之前，需要进行数据加工和集成，以确保数据仓库内的数据具有一致性和同主题特性。数据仓库所保存的是历史数据，而非日常事务的实时数据，且基本不再进行修改。此外，数据仓库的数据还具有时间属性，需要根据业务变化定期更新，并按照时间顺序进行追加。

数据仓库内的数据主要分为两部分：经过数据仓库技术抽取—转化—装载（Extract – Transform – Load，ETL）处理的业务数据和元数据。元数据是描述数据仓库内数据的结构和建立方法的数据，有技术元数据和业务元数据两种类型。技术元数据主要描述数据仓库系统开发、管理、维护等技术细节，业务元数据主要描述数据仓库中的数据。在数据仓库的实现过程中，元数据承担着重要作用，构建了整个数据仓库的框架体系，有利于用户理解、管理和使用数据仓库的数据，保证和评价数据质量，提高数据使用效率。元数据管理系统帮助管理者从技术角度管理所有信息系统。

综上所述，数据仓库是一种面向分析的数据存储方案，用于支持经营者在管理决策制定过程中的需求。数据仓库的数据来源广泛，需要进行数据加工和集成，以确保数据仓库内数据的一致性和同主题特性。数据仓库内保存的是历史数据，并且基本不再进行修改。元数据作为数据仓库的重要组成部分，有利于用户理解、管理和使用数据仓库的数据，提高数据使用效率。

3.2.3　数据仓库的体系结构

数据仓库是独立于业务数据库系统的数据存储和处理系统。它不仅是从多个业务数据库中直接存储数据，还是对数据进行处理、集成、分析和重新组织。数据仓库的体系结构包括三个独立的数据层次：信息获取层、信息存储层和信息传递层。信息获取层主要负责从不同的内部业务系统和外部数据源中获取数据，进行数据的收集、提取、净化和聚合；信息存储层主要完成数据的保存操作，并提供所需要数据的提取；信息传递层通过数据分析技术、数据挖掘算法等技术生成报表和查询为最终用户提供数据需求，该层是最终用户与数据仓库交流的层次，完成数据的可视化呈现等操作。

数据仓库中的源数据包括四种类型：生产数据、内部数据、存档数据和外部数据。生产数据源于企业生产过程中的各种管理操作系统,需要对这些来自不同生产系统的数据进行标准化、清洗、转换和集成,以便数据仓库可以存储和使用。内部数据通常来自不同的管理系统,包含组织内用户所属的电子表格、文档、客户信息等。存档数据是指各个操作系统中定期进行存档的旧数据。而外部数据则是为了了解行业的发展趋势及企业与竞争对手的比较,需要依据外部数据进行分析研究。企业内部的生产数据和存档数据无法用于市场环境的分析,因此也无法取代外部数据。

数据准备部分包括三个工作程序:数据抽取、转换和装载。数据抽取工作大多涉及多个数据来源,并采用合适的数据抽取技术来获得数据,可应用数据抽取工具或者自行开发程序进行抽取。数据转换包括数据清洗和数据标准化,通过数据转换工作可以得到经过清理、标准化和汇总后的完整数据,并将数据装载到数据仓库中。

数据仓库中的数据存储是一个独立的部分,为了更好地对存储的数据进行应用分析,通常将转化好的数据按照数据模型进行存储。数据模型的设计决定了数据存储和提取的形式。若需对特定管理问题或应用范围进行分析,需要从数据仓库中独立出一部分数据来分析,这部分数据称为数据集市,也称为部门数据或者主题数据。

数据仓库的重要作用在于能够对数据进行处理和分析,将数据转化为高价值的信息,并将信息传递给数据仓库使用者或者管理人员。传递方式有多种,例如设计在线分析处理(OLAP)模型、提供报表和特别查询、由业务人员定制需求、提供复杂查询、多维分析和统计分析等,以及应用在线机制向管理者定期发送相关报表、重要的可视化结果和数据报告等。在信息传递部分需要相关的前端工具,主要包括各种报表工具、查询工具、数据分析工具、数据挖掘工具以及各种基于数据仓库或数据集市的应用开发工具等(见图 3-2)。

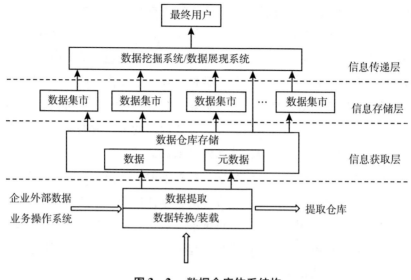

图 3 – 2   数据仓库体系结构

3.3   "智囊军师"——决策支持工具

商务智能中的决策支持工具通常由即席查询、报表、在线分析处理和数据挖掘等部分组成。即席查询是一种交互式查询工具,用户可自由查询和分析数据,自由选择要查询的数据和指标,并提供灵活的过滤和排序选项,帮助用户快速响应各种业务问题,从而支持决策的制定。报表是一种可视化工具,可以将数据以图表、表格等形式呈现出来,通常包括各种指标和维度,帮助用户更好地理解数据和趋势。报表可以根据需求进行定制,设置各种过滤、排序和计算选项,以满足不同的业务需求(见图 3 – 3)。

3.3.1   在线分析处理

另一种决策支持工具是在线分析处理(OLAP),它有助于用户从多个角度分析数据,了解业务的趋势信息。在 OLAP 出现之前,企业使用关系型数据库来存储和管理业务数据，主要用于日常业务操作，称为联机事务处理（OLTP）。然而，随着业务数据不断增加，数据规模变得非常庞大，OLTP 已经无法满足用户对数据库查询和分析的需求。因此，数据库之父埃德加·弗兰克·科德（Edgar F. Codd）提出了多维数据库和多维分析的概念，即联机分析处理，也就是 OLAP。

图 3-3　企业制造智能控制

OLAP 的特点在于支持复杂的多维分析操作，最终以一种直观易懂的方式向分析人员返回查询结果，主要用于支持管理决策。OLAP 具有共享多维信息的快速分析特征（Fast Analysis of Shared Multidimensional Information，FASMI），其中 F 是快速性，A 是可分析性，S 是共享性，M 是多维度，I 是信息。这意味着，OLAP 能够快速响应用户的查询请求，支持用户定义新的专业计算，并将其作为分析的一部分，同时提供多维视图和分析，实现数据的共享。

OLAP 的关键是多维度的数据模型，其中维的概念描述与业务主题相关的一组属性，例如汽车制造企业对销售数据的分析，可将时间周期、产品类别、4S 店的分布、客户类型等方面视为一个维度，并将数据按照各自的维度存储。在构建一个多维数据模型时，用户能够快速地从各个视角分析数据，获得数据相关汇总和结果，并能够从多个角度灵活转换，同时进行多维度的数据分析。OLAP 常见的多维分析操作包括切片、切块、钻取和旋转等，这些操作能够帮助用户更深入地了解数据，从而支持决策制定（见图 3 - 4）。

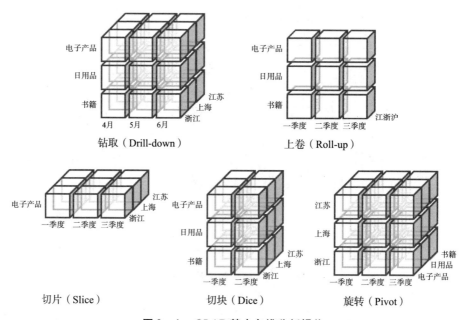

图 3 - 4   OLAP 基本多维分析操作

资料来源：吴树芳，杨国庆，朱杰. 商务智能［M］. 北京：科学出版社，2020.

3.3.2   数据挖掘概述

数据挖掘是一项通过分析大量数据，发现其中隐藏的有价值信息和知识的过程。这些信息和知识有助于企业或用户预测未来的发展趋势，并做出正确的商业决策，从而创造商业价值。数据挖掘综合运用了统计学、信息学、人工智能和数学等多个学科的知识，可以得出各种形式的结果，如商业规则、相似性、关联、趋势或预测模型等。

数据挖掘的主要目的是通过历史数据的分析和挖掘，帮助企业或用户预见未来的发展趋势，从而带来经济效益。在商务智能中，数据挖掘的价值主要体现在以下三个方面：一是带来最大的投资收益；二是从本质上提升商务智能平台的价值；三是让商务智能平台形成一个闭环系统，助力企业实现优化决策和良性管理循环。

数据挖掘有助于企业分析变量间的关系，了解相关企业、行业或者某种产品的规律，并预测未来的发展趋势，从而帮助企业做出未来一段时间的决策，准确预测商务问题，提高投资回报率。例如，通过分析历史销售数据，可以预测未来一段时间内的销售量，从而提前做出补货决策，控制库存成本，提高企业的投资回报率。

商务智能平台的数据挖掘功能是其核心组成部分。它将企业运营数据汇总到数据仓库，并利用数据挖掘提取有价值的信息和知识，最终转化为企业的决策辅助工具，真正体现了商务智能平台的价值。在不断的运行过程中，商务智能平台还可以进一步提高对企业的应用程度，从而有效提升企业的价值。数据挖掘技术在商务智能平台中是决策支持的重要环节，帮助企业优化决策，形成一个闭环系统。从数据收集开始，经过业务系统、数据集成、数据仓库、业务报表/OLAP、数据挖掘、优化六个环节，应用数据挖掘能够帮助企业发现新的问题，进一步优化，使得闭环系统成为良性的管理循环（见图3-5）。

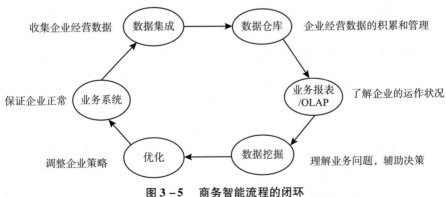

图 3-5　商务智能流程的闭环

3.3.3　数据挖掘过程

数据挖掘的过程通常遵循一套通用的流程，其中最广泛应用的标准化过程是数据挖掘跨行业标准流程（CRISP–DM）。图3–6简要描述了该流程的六个主要步骤：业务理解、数据理解、数据准备、模型构建、测试和评估、部署。这个流程从深入理解业务中发现的问题开始，直至提出解决方案。理论上，这六个步骤是按顺序进行的，但在实际应用中会存在回溯，不断进行反馈并进一步调整前面的分析。同时，许多问题需要根据实际状况和分析者的经验进行实时动态调整，整个数据挖掘过程可能经历多次迭代。

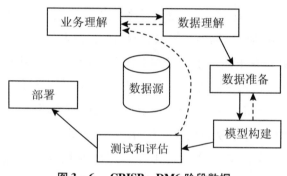

图3–6　CRISP–DM6阶段数据

进行数据挖掘首先要明确目标，也就是想研究什么问题，帮助公司解决什么难题。这一过程不仅是对数据的简单处理，还需要深入研究公司的实际业务和所面临的挑战。只有明确分析的目标，把握业务问题，才能最终确定需要收集哪些数据，并认识到数据挖掘分析的实际价值。

接着是收集数据，对数据进行分析和检验，以确保数据质量的可靠性。这一过程包括收集原始数据、描绘数据、探索数据和检验数据质量。需要精选适当的数据，并对数据进行处理，包括清理、构造、整合和格式化等，以便后续进行建模和分析。

然后是选择适当的建模工具，进行模型的构建和评估。根据问题的性质和数据的特点，选择合适的建模技术，制定检验方案，并建立一个或多个模型。随后对模型进行评估，检验模型的质量和有效性。

在模型构建完成后，需要进行测试和评估，找出模型不足之处，并评估数据挖掘所产生的其他结果，以揭露其他有用的信息。需要与相关业务人员共同讨论、探讨商业环境下的数据挖掘结果，因为数据挖掘的最终管理价值和业务分析才是最重要的目的。

最后，需要将数据挖掘的结果转化为真正的企业决策，应用到企业运营管理中。为此，需要制定部署运用方案、制定监控和维护方案、撰写最终报告、回顾项目等。总之，数据挖掘是为了解决实际公司业务和问题而进行的一项技术操作，需要经过多个阶段的操作和分析，最终才能产生有用的结果，并为企业决策提供有力的支持。

在数据挖掘过程中，正确选择数据挖掘算法至关重要。这一决定直接影响着数据分析的质量和结果的准确性。不同的数据挖掘任务需要不同的算法来处理，因此，选择合适的算法是确保挖掘过程成功的关键一步。

1. 神经网络算法

在数据挖掘算法中，神经网络算法是至关重要的，也是许多先进算法的基础。我们可以用一个简单的比喻来说明神经网络的计算过程。

神经网络算法就像是一群小工人，他们会通过模拟人类大脑的方式来学习数据，然后找出数据中的规律和模式。想象一下，你要教一个机器识别数字，你会先给它一些数字的图片进行训练，告诉它这个数字是几。神经网络算法就是在这个训练的过程中，通过模拟人脑中的神经元之间的连接方式，实现识别数字的功能。每个神经元都有自己的"想法"，并根据输入的数据和自己的"想法"来做出决策。

神经网络的训练过程实际上是不断调整神经元之间的连接权重，以优化神经网络的识别能力的过程。就像小学生做数学题一样，如果做错了，老师会指出错误并给出正确的答案，让学生反思并再次尝试。神经网络算法也是如此，通过不断调整权重，让神经网络更准确地识别数据。

通过神经网络算法，我们能够在海量的数据中找出隐藏的规律和模式，从而做出更准确、更有用的预测与决策（见图3-7）。

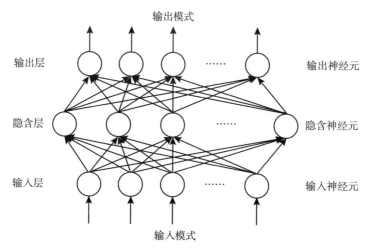

图3-7　经典的神经网络结构

2. 深度学习

当前备受瞩目的另一种算法便是深度学习。实际上，深度学习算法是一种模拟人脑工作方式的技术，通过多层神经网络的组合来学习数据，并揭示数据中的规律和模式。

想象一下，如果你要教一个机器识别猫和狗，你会给它大量猫和狗的图片进行训练，告诉它这些图片所指的是猫还是狗。然而，这对机器来说是一项相当困难的任务，因为猫和狗之间的区别很微妙。这时候，深度学习算法就派上用场了。

深度学习算法通过建立多层神经网络来学习数据，每一层神经网络都会对数据进行一次特征提取，然后传递给下一层神经网络进行更高层次的特征提取。就像观察猫和狗时，先看到它们的轮廓，然后看到它们的耳朵、眼睛、鼻子等特征，最后才能确定它们是猫还是狗。

深度学习算法需要大量的数据和计算资源来训练和优化神经网络，但它可以学习到极其复杂的数据模式和规律，比传统算法更加精准和实用。如今，深度学习算法已经广泛应用于图像识别、语音识别、自然语言处理等领域，为我们带来了更智能的生活和工作体验。

2019 年 3 月 27 日，国际计算机学会（ACM）宣布，三位"深度学习之父"约书亚·本吉奥（Yoshua Bengio）、杰弗里·辛顿（Geoffrey Hinton）和杨乐昆（Yann LeCun）共同荣获 2018 年图灵奖。ACM 在公告中写道：虽然在 20 世纪 80 年代引入了人工神经网络作为帮助计算机识别模式和模拟人类智能的工具，但到了 21 世纪初，这三位巨头依然是这一方法的少数坚定支持者。尽管他们试图重新点燃人工智能社区对神经网络兴趣的努力在最初遭到怀疑，但他们的想法却引发了重大的技术进步，如今，这种方法已经成为该领域的主导范例。

3. 迁移学习

迁移学习是一种机器学习方法，旨在将先前领域/任务中学到的知识和技能应用于新领域/任务。其基本思想是利用模型解决在标记数据任务中所积累的知识，并将这些知识应用于缺乏充足数据的新任务。迁移学习不是从头开始，而是建立在先前模型在类似任务中学到的模式和信息基础之上，如图 3-8 所示。迁移学习通常用于分析图像或理解语言等任务。它的优点在于可以利用预训练模型已经完成的繁重工作，从而节省时间和计算资源。

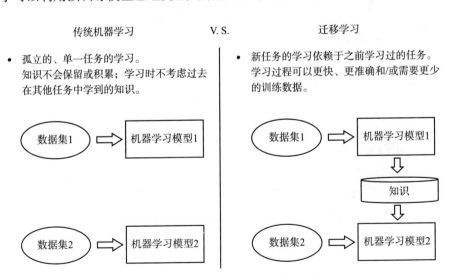

图 3-8 传统机器学习与迁移学习的对比

迁移学习理念源自人类学习方法的启发。回想一下，你第一次尝试骑自行车时的场景——这是一个艰难而耗时的过程。你需要从零开始学习各种技能：如何保持平衡、如何操纵方向盘、如何刹车。现在回到现实：假设你想学习骑摩托车。你无须从零开始，因为你已经掌握了在自行车上保持平衡和使用刹车的技能，这些技能可以提高你学习如何在摩托车上保持平衡和使用刹车的能力。即使处于不同的环境中，你也能够将从骑自行车中掌握的技能迁移到新的学习任务上。同样，一个学会了如何识别狗的算法可以通过迁移某些抽象概念相对轻松地被训练识别猫。这正是迁移学习的本质所在。

迁移学习背后的基本思想是使用已经针对相关问题进行过训练的深度学习网络。这些经过预先训练的网络最初是针对类似的任务或领域进行训练的，从而使其能够从数据中学习一般特征和模式。在新任务中，使用这些学习到的权重和特征初始化网络为新任务提供了一个起点，在该新任务中，可以使用特定于该问题的较小数据集对网络进行微调或进一步训练。通过利用该网络作为基础，可以显著缩短新的相关问题所需的训练时间（见图3-9）。

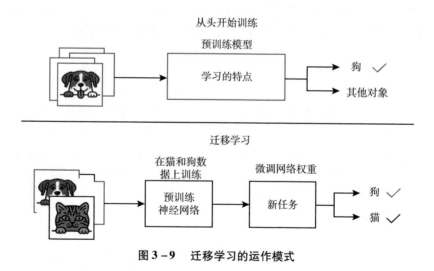

图3-9　迁移学习的运作模式

第 4 章

数据要素及其市场管理

4.1 第五大生产要素——数据

经济学中有一个基础概念，即生产要素。它指的是用来制造商品和提供服务的各种资源，如人力、资本、土地和自然资源等。人力就是指人，资本是指金钱，土地和自然资源则是指大自然的馈赠物。通过技术和创新，人们将这些资源转化为我们日常使用的商品和服务。因此，在过去的生产要素市场中，存在着土地、人力、资本和技术市场。

然而，随着数字经济时代的到来，我们迎来了一个全新的生产要素——数据。物联网、云计算、大数据、区块链和人工智能等新技术的出现使数据变得愈发重要。数据不仅在生产过程中起到了关键作用，还极大地提高了其他生产要素的利用效率，成为一种非常有价值的生产资料。数据要素涉及数据的生产、采集、存储、加工、分析和服务等方面。它对价值的创造和生产力的发展有广泛的影响，是数字经济发展的"助燃剂"。数据要素作为数字经济的微观基础，具有战略性地位和创新引擎的作用，与其他要素共同参与到经济价值创造的过程中，成为构建更加完善的要素市场化配置的重要组成部分。

现在，我们应该认识到，在数字经济时代，数据要素已经成为非常重要的因素。它不仅对经济发展作出了巨大贡献，还是驱动数字经济发展的重要力量。我们生活在数字时代，数据无处不在，从我们的手机、电脑、互联网，到各种传感器和设备，都在不断地产生和收集数据。这些数据不仅可以帮助我们更好地了解和掌握世界，还可以帮助我们做出更好的决策和判断。正如我们常说的那样，"数据为王"，这意味着数据的重要性日益凸显，我们需要善于利用数据，才能在这个时代中取得成功（见图4-1）。

图4-1   "数据为王"的时代变化

我国政府高度重视数字经济发展，明确提出数字中国战略，并围绕数据要素进行了一系列的顶层设计，提出了"国家大数据战略"。2019年，党的十九届四中全会首次将"数据"确认为生产要素之一，并提出数据要素"由市场评价贡献、按贡献决定报酬"①。表4-1概括了关于数据要素国家层面相关的政策文件。

_____

① 中共中央关于坚持和完善中国特色社会主义制度 推进国家治理体系和治理能力现代化若干重大问题的决定［EB/OL］. 人民网，2019-11-06，http://dangjian.people.com.cn/n1/2019/1106/c117092-31440641.html.

表 4 – 1 关于数据要素的国家层面相关政策文件

时间	政策文件名称	设计数据要素流通的重点内容
2019 年 10 月	《中共中央关于坚持和完善中国特色社会主义制度推进国家治理体系和治理能力现代化若干重大问题的决定》	首次确认数据为生产要素之一。提出"健全劳动、资本、土地、知识、技术、管理、数据等生产要素由市场评价贡献、按贡献决定报酬的机制"
2020 年 4 月	《中共中央 国务院关于构建更加完善的要素市场化配置体制机制的意见》	将数据与土地、劳动力、资本、技术并列为五大生产要素。提出"加快培育数据要素市场",包括"推进政府数据开放共享、提升社会数据资源价值、加强数据资源整合和安全保护"等
2021 年 3 月	《中华人民共和国国民经济和社会发展第十四个五年规划和 2035 年远景目标纲要》	提出"加快建立数据资源产权、交易流通、跨境传输和安全保护等基础制度和标准规范"
2022 年 1 月	《"十四五"数字经济发展规划》	提出"加快构建数据要素市场规则,培育市场主体、完善治理体系,促进数据要素市场流通",提出"数据要素市场培育试点工程",其中包括"开展数据确权及定价服务试验、推动数字技术在数据流通中的应用、培育发展数据交易平台"三方面任务
2022 年 1 月	《要素市场化配置综合改革试点总体方案》	提出"探索'原始数据不出域、数据可用不可见'的交易范式,在保护个人隐私和确保数据安全的前提下,分级分类、分步有序推动部分领域数据流通应用。探索建立数据用途和用量控制制度,实现数据使用'可控可计量'"
2022 年 3 月	《中共中央 国务院关于加快建设全国统一大市场的意见》	提出"加快培育数据要素市场,建立健全数据安全、权利保护、跨境传输管理、交易流通、开放共享、安全认证等基础制度和标准规范,深入开展数据资源调查,推动数据资源开发利用"
2022 年 6 月	《关于构建数据基础制度更好发挥数据要素作用的意见》(中央全面深化改革委员会第二十六次会议审议通过)	强调"数据基础制度建设事关国家发展和安全大局",提出要"建立数据产权制度、数据要素流通和交易制度、数据要素收益分配制度"三方面数据基础制度

资料来源:笔者根据相关资料整理。

数据生产要素的特点有七个,具体如下。

第一,数据的虚拟性。简单来说,数据是存储在电脑和互联网上的虚拟资源。这是数据和传统的生产要素（如人力、资本和土地）最大的不同点，也是数字经济和传统经济的主要区别之一。

第二，非竞争性。数据一旦产生，就可以同时被多个人或企业使用，每个人使用的效用都不会因其他人的使用而减少，数据总量也不受影响。这决定了数据的高使用效率和巨大的潜在经济价值。

第三，排他性。拥有数据的企业和机构通常不会轻易分享自己的数据，因为数据的复杂性和广泛性使其无法被包含在人力资本当中。虽然有些企业会公开自己的训练数据集以鼓励研发，但是大多数企业都将数据视为自己的核心竞争力而极少公开。

第四，规模报酬递增。由于数据具有非竞争性，所以广泛的数据使用者可以参与到数据分析中，进一步产生规模报酬递增的效应。也就是说，数据规模越大，种类越丰富，所产生的信息和知识就越多，进而呈现出规模报酬递增的特点。

第五，正外部性。数据可以明显降低市场的信息不对称，从而提高收益和优化资源配置。数据还可以通过改善运营、促进创新和提高用户体验，在提升企业组织效率和用户体验上实现正外部性。

第六，产权模糊性。数据产权的研究还在继续，各项法律法规也在逐渐体现保护个人隐私和商业安全等。消费者在使用互联网公司等企业提供的各项 ICT 产品和服务的过程中会产生大量数据，但是消费者在客观上没有处置和使用这些数据的机会。

第七，衍生性。数据可以分为原生数据和衍生数据。原生数据是指不依赖于现有数据而产生的数据，衍生数据是指原生数据被记录、存储后，经过算法加工、计算、聚合而成的系统的、可读取、有使用价值的数据。数据的衍生性可以影响金融市场投资，进而影响实体经济。作为新型生产要素，数据具有劳动工具和劳动对象的双重属性，通过采集、加工、存储、流通和分析环节，数据具备了价值和使用价值，并且通过融合应用能够提升生产效能，促进生产力发展。

4.2　数据产品

数据既然可以作为生产要素，那么它就具有很高的价值，那么是否可以像其他生产要素一样进行产品化呢？答案是肯定的。不过，数据产品由于其特殊性，目前仍处于发展初期。

实际上，可以将数据产品比作一盒巧克力，里面装满了各种不同的"味道"。这些"味道"就是数据信息，既可以是个人信息，也可以是其他非个人信息。这盒巧克力存放在电脑或云盘中，就像放在盒子里一样。而这些"味道"可以被人们品尝，就像数据信息可以被人们使用和分析。然而，需要注意的是，个人信息并不等同于数据产品。个人信息是属于个人自己的，而数据产品是属于生产者或持有者的。如果不管不顾地将个人信息和数据产品混为一谈，就会引发许多问题，比如个人隐私和安全问题。

为解决这些问题，我们需要找到一个平衡点，既能促进数据市场的发展，也能保护个人权益。这一平衡点需要根据具体情况综合考虑，比如数据的种类、数据的价值、数据所有者的权益等。如果在保护个人权益前提下，新的数据流可以更好地实现某些场景的价值，那么就应该确定相关主体的数据权益。

然而，很多时候数据企业比数据主体更具有影响力，因此需要制定一些法律法规来保护个人的权益。这些法律法规需要考虑不同隐私和风险级别的个人信息，为数据生产者和数据产品持有者赋予不同的数据控制权和权益，以解决个人和数据企业的权界问题。只有这样，才能使数据产品交易变得合法化，使数据成为一种可交易的商品。

从产品类型的角度来看，数据可以分为数字产品和数据产品。数字产品就像是一本电子书或一首歌曲，而数据产品则是由网络、传感器和智能设备等记录的信息。数据要素化、数据资产化就是将这些数字化的信息融入业务中，从而实现数据价值（见图4-2）。

图4-2　数字产品与数字交易

4.3　数据交易流程

数据交易就如同在菜市场中买东西一样，只不过所购买的不是蔬菜水果，而是数据。数据交易是数据所有者在市场交易规则下进行的自由交易的行为，犹如在菜市场里出售蔬菜一样。在数据交易中，数据的价值由数据所有者和数据使用者共同判断，就像购买蔬菜需要同时考虑价格和质量一样。

不过，并非所有数据都适合交易，因为有些数据可能涉及个人隐私等敏感信息。所以在确定数据交易标准时，需要根据交易主体和数据类型的敏感性来共同判断。例如，一些医疗数据、财务数据等较为敏感，需要更加谨慎地处理。

一个典型的数据交易系统包括三个主要参与方：数据所有者、数据使用者和平台。数据所有者将原始数据或经过脱敏等处理的数据集在数据交易平台上进行出售，就如同农民在菜市场上摆摊售卖自家的蔬菜水果一般。然后，数据交易平台会根据数据交易策略或定价模型来确定数据集的价格，以促成后续的数据交易。就像是在菜市场上，卖菜的农民会根据市场行情和自身成本来定价，以便卖出更高的价格。

图4-3展示了数据交易的流程，就像是在菜市场上买卖蔬菜一样。通常情况下，数据所有者会把数据提交至数据交易平台，接着平台会依次进行多个关键步骤，包括数据确权、数据加工、数据定价和数据移交。

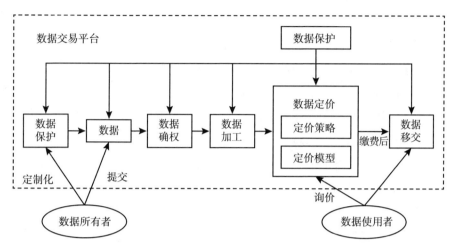

图 4-3　数据交易流程

数据确权是确定数据所有权、使用权及其他相关权利的过程，就像在菜市场上确定自己所卖蔬菜水果的来源一样。数据加工涉及对数据进行处理与分析，技术上包括数据集成、数据剖析、数据清洗和数据溯源等环节。数据定价是数据交易平台最重要的部分，根据数据采集和加工成本及市场供需关系，确定最终数据价格，就像在菜市场上根据蔬菜水果的成本和市场行情定价一样。

一些数据交易平台还提供了用户激励措施，例如分享数据可得到奖励和鼓励，以遏制数据孤岛现象的出现。当交易双方确定后，数据的移交方式多种多样，包括应用程序接口（Application Programming Interface，API）交互、在线查询、数据终端传输和文件下载等。在数据交易过程中，需要采取必要的措施来保证数据安全，例如数据加密、数据审计和数据脱敏技术等手段。数据保护旨在防止数据泄露，保护用户隐私安全，同时贯穿数据交易的全部流程，就像是在菜市场上采取措施防止菜品受到污染一样。

4.3.1　数据交易成本

数据成本，包括获取、传递、储存、搜索、处理等费用，随着云计算和大数据时代的到来，数据成本逐渐成为整个经济与社会的主要成本核心。有些低粒度的数据单元可能没有直接价值，但是通过大量数据的加工和聚合，可能会展现出新的价值，但同时也会增加数据交易的成本。

数据交易过程中产生的数据交易成本可以概括为以下四类。

第一种是生产成本，包括数据采集、加工、储存和移交等，这些是数据作为产品的基础性运转，就像农民在菜市场上卖菜前，种植、收割、包装和运输都是卖菜的基础性运转。

第二种是搜索查询成本，即为了找到符合要求或市场需求的数据集而支付的各种费用、时间、精力和风险的总和。数据交易平台本身就大大减少了买卖双方的搜索成本，数据市场的建设也提高了交易效率。

第三种是议价成本，就是双方从开始谈价格到逐步达成共识，再到签订合同的各项细节开销，就像是在菜市场上，卖菜的价格需要经过一番讨价还价才能确定。

第四种是监督成本，数据安全仍然是交易双方重要的一环，需要做好监督工作以防止数据泄露等多种违约行为，就像是在菜市场上需要确保食品的安全卫生一样。

4.3.2　数据的定价策略

当下的数据交易定价策略主要借鉴了传统商品的定价策略，目前有六种常见的定价方式（见表4-2）。

表4-2　　　　　　　　　　　　数据定价策略对比

数据定价策略	机制	优点	缺点	运用场景
协议定价	双方轮流出价直到达成协议	经常发生在有特定需求的买家和卖家之间，目的性和数据针对性强，存在多次的沟通机会，为提升交易成功率增加了可能性	容易产生协议定价的负面影响，即价格歧视，又叫差别定价。客观来说，个体的买方在数据交易中属于弱势群体，常常受到价格歧视。差别定价是一把"双刃剑"，一方面适当的差别定价可以促进资源高速合理的分配；另一方面如果过分地在损害顾客知情权的情况下长期获取不法盈利，容易引发企业的声誉问题	通用

续表

数据定价策略	机制	优点	缺点	运用场景
拍卖定价	多方竞价中最高价成交	隐匿性和安全性极高，有利于获得最高商品单价	由于大数据价值的不确定性很难保证购买者的效用，货源背景需要经得起足够的推敲，信息悖论现象表现明显，策略应用及交接管道设备成本高于一般策略	常见于大型企业，例如上海数据交易中心采取股东会员制，只有股东才能参与拍卖
免费增值定价	由免费和增值付费两部分组成	在免费期间提升客户满意度和顾客粘性，增强客户的依赖性，潜在客户数量最为庞大。不少开源社区也采取该策略，十分有效地吸引了用户	正确界定免费部分和增值部分是难点，甚至在增值部分还需要阶梯式地细化用户，产品更新要同时兼顾两部分用户的诉求，一同增加用户粘度和满意度，否则，可能无法发挥策略优势，导致负面影响	API 调用
使用量定价	按次、份、个数等产生费用	批量的、廉价的数据，由于 API 大多基于此定价策略，占据市场比例极大	数据量大，质量普遍一般，复制性强，容易出现一人购买多人使用的情况，重复使用较为简便	API、房地产报告
动态定价	根据时效和需求的变化价格	实时性在市场迅速变化期间灵活性极佳，顾客可以准确地认识市场，满意度很高	动态算法、策略应用及可视化界面，设备成本极高，实时数据的准确性也越来越受到关注，难点在于算法	金融股票证券

资料来源：摘自蔡莉等. 数据定价研究综述［J］. 计算机科学与探索，2021，15（09）：1595 - 1606.

第一种是协议定价，即在买卖双方对数据价值评估不一致的情况下，通过协商的方式进行定价。某些企业之间的交易采取这种方式，在交易平台上挂牌出售时，卖方会根据数据质量评价体系对数据进行评估，然后根据结果和历史成交价推算出一个合理的价格区间，买卖双方反复协商，直至达成一致。

第二种是拍卖定价，由数据需求方进行竞拍，以保障数据卖家的利益。拍卖规则可以是直接拍卖，也可以是密封式二级价格拍卖。这种方式适用于非常优质的数据源，主要面向企业之间的交易。

第三种是免费增值定价，这种方式一部分是免费的，想继续使用则需要对增量部分进行收费。这种定价方式在使用 API 方式进行数据交易的平台中比较常见。

第四种是使用量定价，这种定价方式主要根据调用数据集的使用情况来定价，例如按次收费或订阅收费模式。这种定价方式可以刺激顾客多次消费，从而提高顾客的服务体验感和对产品的质量满意度。

第五种是动态定价，这种定价方式会根据当前市场的环境为产品设定上下限浮动的价格区间，卖方需要考虑众多因素并在短时间内设定价格。这种定价方式受市场环境和市场供求关系的影响，当市场供需实时变化时，数据价值也会实时波动。

第六种是固定定价，即卖方对交易商品设置一个固定的价格，也可称为"一口价"，并在平台上挂牌出售。

4.4　数据要素市场构成

国家工信安全中心认为，需要针对不同数据分级分类进行数据要素市场化配置，并提出了"数据流通金字塔模型"[①]。该模型将数据分为四种类型：公开数据、低敏感度数据、中敏感度数据、高度机密数据，针对不同数据类型，可以应用不同的数据流通技术和服务模式。具体的模型示例如图 4-4 所示。

我国数据要素市场可分为七大模块：数据采集、数据存储、数据加工、数据流通、数据分析、数据应用、生态保障。这些模块覆盖数据要素从产生到发生要素作用的全过程。其中，数据应用模块主要指数据作为劳动工具，发挥带动作用的阶段；而其余六个模块主要是指数据作为劳动对象，被挖掘出价值和使用价值的阶段。具体关系如图 4-5 所示。

---

① 何小龙. 中国数据要素市场发展报告（2020—2021）[J]. 软件和集成电路，2021（05）：57-58.

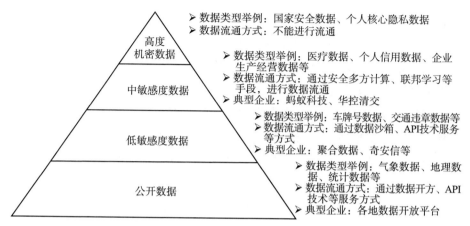

图 4 - 4 数据流通金字塔模型

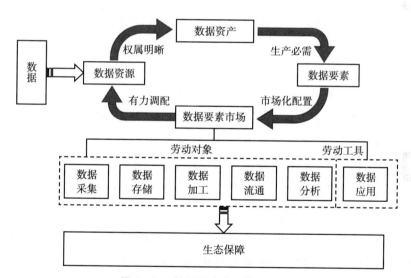

图 4 - 5 数据要素市场构成关系

随着科技的不断发展，现代企业可以借助各种技术手段来收集数据。这些数据来源广泛，可以来自企业内部，也可以来自外部。企业内部数据包括日常经营活动和生产环节中所产生的数据，可以通过管理系统软件和物联网设备进行收集。外部数据则来自社交媒体、新闻网站、行业报表、公开交易数据等，可以通过埋点检测技术、用户调研等方法进行收集。另外，定制化数据采集是指采集非结构化数据，例如文本、语音、图像等，通常使用摄像头、麦克风、激光雷达等工具进行采集。

完成数据采集后，企业需要对有价值的数据进行有效存储，以便后续加工和处理。企业可以选择公有云、私有云或混合云等不同的数据存储方式来存储数据。公有云平台成本相对较低且存储容量大，适合大规模数据交易。私有云则更适用于对数据安全性要求较高的企业，如科技研发企业等。混合云则结合了公有云和私有云的优势，能够提高数据资源的整体安全性能。

数据加工是指对企业采集和存储的数据进行筛选和处理，以提高数据的可用性。数据清洗是指对数据进行校验的过程，删除重复信息和纠正错误，提高数据质量。数据标注是给数据打上特征标签，便于使用机器学习算法进行学习和自主识别等行为。数据审核是对原始数据进行审查和核对，以保证数据的质量和合法性。数据融合处理是将多源、多模态数据互相融合，形成可供挖掘分析的数据集的技术过程。

数据流通是指数据在不同主体之间交换、共享和交易的过程，以实现数据的最大化利用。数据流通的形式多种多样，包括数据开放共享、数据交易、API 技术服务和"数据可用不可见模式"等。

例如，数据开放共享可以解决政府和企业内部数据孤岛问题，促进不同部门之间数据的共通，提高数据利用效率。而企业间的数据开放共享联盟则能够促进供应链协同和增强产业竞争力。

数据交易是指不同主体之间以有偿或无偿的形式交换数据所有权并获取数据价值的行为。数据交易平台通过撮合供需双方完成数据交易，实现数据的价值变现。

API 技术服务是利用 API 接口技术从元数据中抽取、调用数据，为用户提供安全、便利的数据服务。数据所有权仍然归客户所有，而 API 技术的使用门槛低，易于监管。

"数据可用不可见"模式则是通过隐私计算技术实现数据在加密状态下的使用和分析，保护用户隐私和商业机密，同时充分挖掘和发挥数据的价值。

在数据要素市场中，数据资产评估、登记结算、交易撮合和争议仲裁等环节是必不可少的。数据资产评估为数据要素流通交易提供基础性参考，登记结算机构能够提高数据交易效率和规避数据交易风险，交易撮合机构能够促进数据交易的达成，而争议仲裁机构则能够解决数据交易过程中的民事争议。

总的来说，数据采集、存储和加工是企业数据分析的重要环节，可以帮助企业更好地理解市场和业务；数据流通和数据分析是实现数据价值最大化的重要手段；生态保障则是数据流通的重要保障。在数据流通的各种形式和数据要素市场的不同环节中，各方主体需要理解和遵守相关法律法规，加强数据安全保护和规范数据流通行为，以推动数据经济发展和创新。

4.5　数据交易的收益分配机制

数据交易平台是大数据交易的重要平台，通过促进数据所有权或使用权交易来实现价值变现。数据交易平台的收益分配机制有两种不同的方式。第一种是交易分成，也就是在数据交易完成后，平台和数据卖方按照事先约定的比例来分配收益，平台作为数据交易中介会在交易前收取相应的中介费用。第二种是保留数据增值收益权，即平台将数据的增值收益权留存，并以此为基础进行收费。在这种模式下，平台需要在交易前预测数据交易后能否产生增值收益，并保留相应的收益权。

而大数据交易卖方是数据所有者，其收益分配机制主要有三种不同的方式。第一种是一次性交易所有权，即在数据交易中一次性转移数据所有权、使用权、处分权和收益权，这种方式适用于协议定价或拍卖定价方式。第二种是多次交易使用权，即针对数据使用权进行反复多次的交易，从而带来更多的收益。在这种模式下，数据交易双方只约定针对数据使用权进行交易，特别是在按次计价定价方式或 API 技术服务模式下。第三种是保留数据增值收益权，即数据卖方保留数据的增值收益权，并根据约定的比例来占有相应的收益。

不同的收益分配机制在数据交易中各有利弊。但无论采用何种方式，数据的安全和保密都是非常重要的问题。数据卖方需要确保交易数据的安全、保密和可控性,以避免数据被大规模复制使用。同时,数据卖方也需要准确评估数据的价值,并预测数据交易后是否有增值收益的可能性,从而更好地协商收益分配机制(见图4-6)。

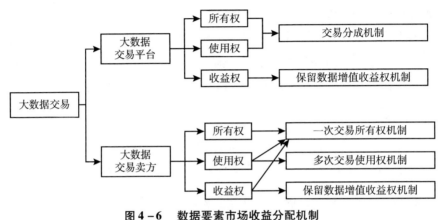

图4-6　数据要素市场收益分配机制

+·+

案例4-1:我国代表性大数据交易机构简述

2015年4月,贵州省人民政府批准成立了全国第一家大数据交易所——贵阳大数据交易所。截至2022年8月,我国已成立数据交易中心40余家,其中华东(14家)、华南(7家)、华中(7家)地区为主要聚集地(见下表)。平均注册资本金近1亿元,第二轮注册成立的数据交易公司资金雄厚,北京国际大数据交易有限公司注册资本2亿元,上海数据交易所有限公司注册资本8亿元,郑州数据交易中心有限公司注册资本为2亿元。在数据交易机构规范化发展的同时,国有资本控股或100%持股成为重要趋势。政府的公信力能够有效促进高价值公共数据进入数据交易市场,推动多个产业相互融合发展。

表   代表性数据交易所（中心）

机构	地区	成立时间	公司主体
贵阳大数据交易所	贵州贵阳	2015 年	贵阳大数据交易所有限责任公司
上海数据交易所	上海	2021 年	上海数据交易所有限公司
北京国际大数据交易	北京	2021 年	北京国际大数据交易有限公司
郑州数据交易中心	河南郑州	2022 年	郑州数据交易中心有限公司
深圳数据交易所	广东深圳	2021 年	深圳数据交易有限公司
山东数据交易平台	山东济南	2019 年	山东数据交易有限公司
浙江大数据交易中心	浙江杭州	2016 年	浙江大数据交易中心有限公司
华中大数据交易所	湖北武汉	2015 年	湖北华中大数据交易股份有限公司
广州数据交易所	广东广州	2022 年	广州数据交易所有限公司

发展模式上，北京国际大数据交易所和上海数据交易所均选择从构建数据交易平台角度进行切入。其中，北京国际大数据交易所构建了数据交易平台 IDeX 系统，推出了保障数据交易真实、可追溯的"数字交易合约"；上海数据交易所上线了新一代智能数据交易系统，推出了数据产品登记凭证。

隐私计算等相关技术的应用有助于解决数据交易平台的安全问题。针对高敏感度和高价值数据，这些技术在保证不泄露原始数据的前提下，对数据进行分析计算、联合建模；实现"数据可用不可见，用途可控可计量"，有效限制敏感数据被复制，防止数据泄露和滥用。还通过区块链技术实现数据调用的全链条监督；通过数据水印技术完成数据泄露的溯源与追责。

资料来源：报告｜2022 年数据交易平台发展白皮书 ［R］. 2022 - 09 - 07，https：//www.sohu.com/a/583143229_121123919. 全国 39 家数据交易所对比 ［EB/OL］. 零壹财经，2022 - 10 - 06，https：//baijiahao.baidu.com/s? id = 1745887941796792661&wfr = spider&for = pc.

第 5 章

智 慧 物 流

5.1 什么是"智慧"物流

物流（logistics）在国家标准《物流术语》（GB/T18354—2021）中的定义是：根据实际需要，将运输、储存、装卸、搬运、包装、流通加工、配送、信息处理等基本功能实施有机结合，使物品从供应地向接收地进行实体流动的过程。"智慧物流"（Intelligent Logistics System，ILS）的概念最早可追溯到国际商用机器公司（International Business Machines Corporation，IBM）发布的《智慧的未来供应链》研究报告。2009 年 12 月，中国物流技术协会信息中心、华夏物联网、《物流技术与应用》编辑部联合提出"智慧物流"的概念。国家标准《物流术语》（GB/T18354—2021）中给智慧物流的定义是：以物联网技术为基础，综合运用大数据、云计算、区块链及相关信息技术，通过全面感知、识别、跟踪物流作业状态，实现实时应对、智能优化决策的物流服务系统。智慧物流还没有统一的定义，它通常被认为是一种利用智能技术对物流活动进行更为智能和高效的规划，从而使得物流活动变得"智慧"起来。

传统物流与智慧物流的区别如图 5－1 所示。

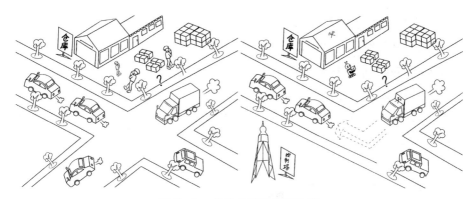

图5-1　传统物流与智慧物流

在了解上述概念之后，可以将智慧物流通俗地理解成：在物品从供给地向接收地传送过程中，通过物联网技术时刻关注"物"的"行动轨迹"以及"身体状况"，实现对"物"的追踪，并将"物"的信息以"数据"的形式收集起来，运用人工智能、大数据、区块链等技术，在算力和算法的支持下，借助设施设备等载体，将这些"数据"进行保存、整理、分析、处理，之后再把"数据"反馈给行动中的"物"，使得"物"具有"思想"，从而让"物"更加高效、合理地"走"到目的地。

智慧物流之所以能够"智慧"，可以从技术和管理两个方面来看。

从技术的角度来看，传统上物品的流动主要受到人的影响，比如司机的疲劳驾驶会导致事故的发生，从而使得物品的流动中断，而智慧物流由于运用物联网、人工智能等技术将物品信息进行收集、处理并反馈，从而使得物品的流动不再仅受到人的控制，还可以通过技术以及设备载体进行"自我"调整。根据物联网技术架构，智慧物流也包含感知层、网络层、应用层三层技术架构。其基本原理在于通过物联网、传感网与现有的互联网实现整合，在大数据、人工智能等现代信息技术的支持下，通过智能地获取、传递、处理和利用信息，实现对物流整个过程的精细、动态、科学管理，最终实现智慧决策与运行目标。

从管理的角度来看，智慧物流主要通过平台这一载体对物品流动进行综合管理和控制，并支持物流业务的智慧化运营。智慧物流的"智慧"不是仅靠技术对物品信息进行收集、处理和反馈，也要考虑管理者的需求，管理者不能只是通过复杂的技术进行物流管理，简化复杂技术的系统平台更适合管理者的实际需求。根据管理内容的涵盖范围和具体程度，智慧物流系统的管理结构可从智能平台、数字化运营和智能化作业三个层面来体现，如图 5-2 所示。这些层面构成了智慧物流系统的"神经系统"，使物流管理能够更加智能、高效。

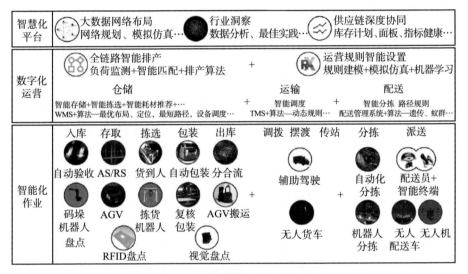

图 5-2　智慧物流的管理体系

资料来源：霍艳芳，王涵，齐二石. 打造智慧物流与供应链，助力智能制造——《智慧物流与智慧供应链》导读 [J]. 中国机械工程，2020，31（23）：2891-2897.

　　智慧物流正在朝着更加开放、绿色的方向发展，并将与新技术进行融合。2024 年 3 月 7 日，国内物流行业内首个专注于大模型应用研究与实践的"物流智能联盟"在浙江省杭州市成立。该联盟由中国物流与采购联合会、阿里云、菜鸟、高德地图、中远海运、东航物流、圆通速递、申通快递、中通快递、德邦快递、G7 易流、地上铁、浙江大学智能交通研究所等单位共同发起，旨在加速大模型在物流领域落地，用人工智能（AI）助力物流行业增效降本和业务创新。人工智能大模型会加强人与机器设备的互动，未来会进一步推动智慧物流的发展。

5.2　"无人胜有人的仓"——智慧仓储

国家标准《物流术语》（GB/T18354—2021）中对仓储（warehousing）的定义是：利用仓库及相关设施设备进行物品的入库、储存、出库活动。智慧仓储是指利用信息技术及先进的管理模式，对仓储作业信息进行自动识别、预警等，从而达到提高作业效率、降低仓储成本的目的。仓储活动的"智慧"主要体现在无人化，也就是当物品没有送到目的地之前，需要暂时在仓库中待一段时间，那么"智慧"就表现在物品从入仓到出仓这段时间的"行动"是物品自己完成的，而没有过多的其他人为活动的干预，如图 5 - 3 所示。作为智慧物流系统的重要组成部分，智慧仓储的发展主要是信息技术和仓储管理相互融合的产物，要想实现仓储活动的无人化，就需要仓库具有"人"的能力，而要想具有"人"的能力，就需要具有"人"的躯体，下面简单介绍仓库中各种设施设备如何承担"人"的躯体所具备的能力，进而完成各项仓储活动。

5.2.1　"仓库的大脑"——仓储管理系统

仓储管理系统（Warehouse Management System，WMS）是现代仓储物流管理的重要标志之一，也是实现智慧仓储管理的前提。仓储管理系统作为"大脑"，控制着仓库中需要进行的各项活动，如图 5 - 4 所示。可以这样想象，货物进入仓库后，"大脑"通知卸货，然后指挥"四肢"在仓库内移动货物，最后将货物放在指定位置，货物出去仓库的时候再次通过"大脑"调动"四肢"进行货物的移动，直至货物离开仓库，这个过程仓库具有"自主思考"的能力。仓库的"大脑"是由不同模块构成的，如在以配送为核心业务的系统中，"大脑"的模块就包括入库、库存、分拣、核查、配送等方面。要完成仓库的"智慧"运行，仅仅具有"大脑"还是不够的，它与"神经"和"四肢"一同存在才能构成智慧仓储的完整体系。

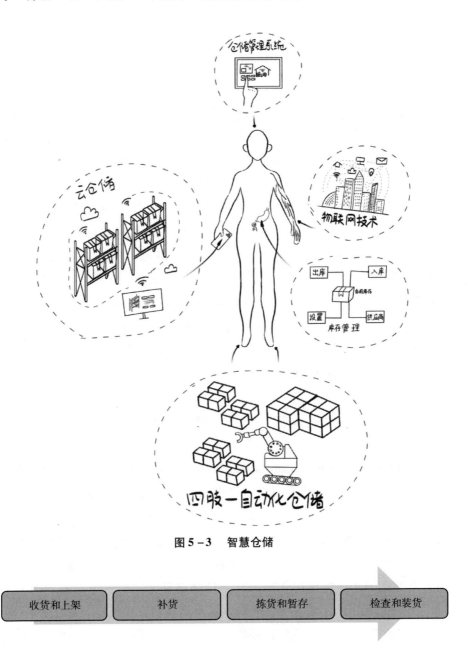

图 5-3　智慧仓储

| 收货和上架 | 补货 | 拣货和暂存 | 检查和装货 |

图 5-4　初级仓库活动和流程

5.2.2　"仓库的感觉神经"——物联网技术

物联网技术是智慧仓储不可或缺的技术之一，物联网技术相当于仓库的"感觉神经"，扮演着"信息连通者"的角色，它将物品的信息以数据的形式传递给"大脑"，让"大脑"知晓物品的状态，从而将仓库中的物品与物品、人与物品连接起来，进而通知"四肢"进行入库、出库等作业。

生活中最常见的物联网技术应用就是条码技术，当人们去超市购物的时候，会发现超市货架上各种有包装的商品都会有如图5-5所示的条形码，结算的时候无论是售货员还是超市结算收银机都会扫描商品上的条形码，通过这一操作，不同商品的销售数量很容易被记录下来并自动统计销售收入。在仔细观察超市购物场景后，我们可以想象在大型的无人仓库中，几十甚至几百万的快递包裹能够自主的找到它们要去的地方，背后都离不开它们从"出生"时就自带的"胎记"，这些"胎记"使得包裹能在仓库的输送带上被光学激光扫描仪读取并自动将它们输送到应该去的位置，同时将包裹的数量以及种类信息统计出来放到数据库中。当你对仓库能够完成这样的操作而感到不可思议时，你可能会对通过无线电波传递物品信息的方式更加惊叹，通过无线电波传递信息的技术叫射频识别技术（Radio Frequency Identification，RFID），图5-6中的小标签存储着丰富的商品信息，而且可以根据类型不同向外传送不同范围大小的无线电波，这种电波可以被接收电波的设备所接收，接收的信息传送给仓库的"大脑"，当"大脑"充分感知仓库中不同物品的状态后，再将这些信息进行分析处理，从而控制"四肢"完成物品在仓库中的一系列操作。

5.2.3　"仓库的四肢"——自动化仓储技术

要完成仓库内各种物品的移动离不开"仓库的四肢"，智慧仓储的"四肢"主要涉及自动化仓储与拣货系统（AS/RS）和自动化车辆仓储与拣货系统（AVS/RS）以及托盘自动堆垛和卸垛技术，这些技术逐步实现仓库货物拣选过程的自动化和智慧化。与传统的仓库相比，完全自动化仓库的规模更小，并且比传统的人工仓库更具成本效益。

矩形保护框　　　　　　　　　　　　　　　　　　条码字符

矩形保护框

左侧空白区　　　　　　　　　　　　　　　供人识别字符

0 6 9 0 1 2 3 4 5 6 7 8 9 2

图 5 - 5　生活中常见条码

资料来源：ITF - 14 条码示例［EB/OL］. 中国物品编码中心，2008 - 07 - 01，http：//www. gs1cn. org/Knowledge/GS1System/sjzttx.

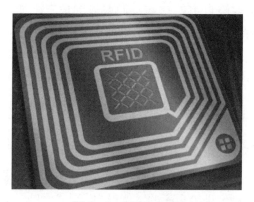

图 5 - 6　RFID 示例

资料来源：深圳市铨顺宏科技有限公司官网，https：//www. fuwit. com. cn/RFID _ AtTag _ 915M5025S. html.

如图 5 - 7 所示，在一个简单的自动化仓库中，供应商从卡车中卸货，并将货物放置在托盘上，并通过运输机进行运输（步骤 1）。之后，这些托盘被储存在一个 AS/RS 系统中（步骤 2）。当需要某产品时，会使用机器人对托盘进行自动装卸（步骤 3）。货物通常放在托盘上以方便操作，并存储在 AS/RS 或 AVS/RS 系统中（步骤 4）。当商店的订单到达时，系统会根据订单顺序对商品进行排序（步骤 5），然后使用机器按照商店特定的顺序建立托盘，以便快速在商店里上架（步骤 6）。然后，这些托盘会在一个订单整合缓冲区（OCB）中等待（步骤 7），直到出发的卡车到达。

图 5 - 7　自动化仓库的运行流程

5.2.4　"仓库的手机"——云仓储技术

　　智慧仓库就像是一个开放的社交平台，它不是孤立封闭的个体，而是与外界保持着联系和互动。想象一下，每个仓库就像一个人，需要一个适合自己的手机来接收和传递信息。但要让这个"手机"正常工作，就需要有一个可靠的网络基础设施。云仓储技术正好搭建起这个网络基础设施，让仓库可以与外界进行通信和互动，实现智慧化运作。

　　云仓储技术是指分布在全国各地的仓储网络，利用云物流平台强大的大数据分析技术，对物流进行连接，针对之前商品在不同区域、时段的销量进行提前预测，将相应数量的商品提前备货到距离消费者最近的仓库，实现就近高效配送。在云仓储技术搭建的网络中，不同仓库和它们服务的消费者之间可以相互了解各自的物流信息。想象一下，你经常在一个网上商店购物。这个商店使用了一个名为云物流平台的系统。当你还没有下单时，系统就已经分析了你的购物历史和喜好，预测你可能会购买哪些商品。商家为了提高效率，提前将你可能购买的商品从远处的仓库运送到距离你更近的仓库。当你下单后，仓库立即收到指令，并将你的订单中的商品放在同一个包裹中，然后通过云物流平台进行沟通，以最快的速度将包裹送到你手中。通过"仓库的手机"进行沟通，不仅节约了人力、物力成本，而且优化了消费者的购物体验。

5.2.5　"仓库的胃"——库存管理

库存指的是企业在生产和流通领域各环节所储备的各种物品，是企业为满足未来使用的需要而暂时存放的资源。在智慧仓储系统中，将库存比作"仓库的胃"能更好地理解其作用。在仓库里放太多，仓库一时半会消化不了，就会产生积压成本；仓库里的库存太少，一旦需求过多，仓库就没有能力去支撑工厂或者终端消费者的产品需求。智慧的仓库对于自己的"胃"有自主调节能力，能够根据需求变化吃下合适的"食物"。

在智慧仓储系统运行过程中，仓库是如何决策要吃多少"食物"的呢？答案是依靠数据和处理数据的技术，以及库存管理方法。当仓库无法决策今天要吃多少"食物"来满足未来一段时间的体力要求时，就要根据昨天的"进食量"去预测今天吃多少合适，"进食量"就是之前的库存量，注意这里的库存量根据仓库类型的不同，仓库内放置的产品种类和数量也不同，比如京东的亚洲一号智慧物流仓里面多是面向终端消费者的小件商品，不同种类的商品数量是巨大的，而不同种类和商品数量的组合数据是海量的，对海量数据进行预测的时候就不能使用简单的方法了（如指数平滑法、移动平均法以及回归分析方法），目前使用海量数据进行准确预测的方法一般是基于人工智能（机器学习以及深度学习等）的方法。

"进食量"预测出来之后，是不是就可以放心大胆地吃了呢？答案是否定的，简单的例子是你在今天和昨天的状态（身体是否好、是否有钱）是不同的，这都会影响"进食量"。当仓库决定能吃多少时，还要考虑什么时候吃比较好和不同时间吃多少比较合适（何时订货，即确定订购点；订多少货，即确定订购批量），为解决这个重要的问题，信息系统中融入了很多库存管理方法，典型的包括 ABC 分析、EOQ 模型、定期订货模型、报童模型等。当智慧库存管理扩大到供应链库存管理时，可以使用供应商管理库存（Vendor Managed Inventory，VMI）、联合管理库存（Jointly Managed Inventory，JMI）和协同计划、预测与补货（Collaborative Planning Forecasting and Replenishment，CPFR）等库存管理方法。

5.3 "会思考的车"——智慧运输和配送

国家标准《物流术语》（GB/T18354—2021）中对运输（transport）的定义是：利用载运工具、设施设备及人力等运力资源，使货物在较大空间上产生位置移动的活动；对配送（distribution）的定义是：根据客户要求，对物品进行分类、拣选、集货、包装、组配等作业，并按时送达指定地点的物流活动。运输是物流运作中最基础的环节之一，而配送是从运输演变出来的概念，一般指在分拣、组配等活动后进行的较小范围内的运输。一般来讲，运输和配送就是完成将物品从初始地运往目的地的活动，实现物品地点转移的空间价值。运输和配送的"智慧"体现在通过数字技术"自主"做出一些"决策"，并在平台等载体上显示出来，然后自动地执行做好的"决策"，或者提供"决策"方案让司机选择。

在智慧物流系统中，运输和配送的智慧可以体现在运输和配送工具的"智慧"上。一般来说，运输的功能是使货物在较大范围内产生位置移动，运输的工具是各种各样的"车"（货车、火车、船舶以及飞机）；配送除了在仓库内的活动外，主要承担较小范围内的货物运输功能，配送的工具可以是多种多样的，而可以体现配送活动"智慧"的工具主要有智能快递车和配送无人机，如图 5-8 和图 5-9 所示。"会思考的车"是智慧运输和配送的主要特点，可以通过运输和配送工具"会行走""会感知""会合作"这三个方面去体现。

5.3.1 "会行走"——运输智能化

根据运输方式的不同，运输一般分为公路运输、铁路运输、水路运输、航空运输以及管道运输。众所周知，只要有公路的地方，就能连接起不同的地点，货物就可以通过卡车、货车、轿车等汽车运输工具直接到达最终的目的地，而且在我们的日常生活中，处处可见的还是公路。由于公路网络路网密集，它比其他几种运输方式的路线网络更为复杂。在选择公路运输时，有时会要求使用不同车型并选择使用合理的车辆数去服务一个或多个客户，在保证盈利的前提下，如何安排运输计划往往也比其他几种运输方式要复杂得多。因此，在公路运输中实现运输智能化也更加具有意义，下面"会行走"的内容主要以公路运输为对象。

图 5 – 8　京东物流 JDX – 50 "京燕"

资料来源：JDX – 50 "京燕"［EB/OL］. 京东物流，https：//www. jdl. com/JDX50.

图 5 – 9　京东物流 JDX – 500 "京蜓"

资料来源：JDX – 500 "京蜓"［EB/OL］. 京东物流，https：//www. jdl. com/JDX500.

货车想要自己"会行走"离不开"大脑"——运输管理系统（Transportation Management System，TMS）的指挥，而"大脑"能自主决策离不开大数据的支持，这些大数据不仅包括"大脑"之外的大数据，还包括在"大脑"运行过程中产生和积累的数据所形成的大数据。当货车决定往哪里走的时候，需要运输路线的大数据和卫星系统获取的交通状况的大数据，之后"大脑"的"部分神经"——路由和调度（Routing and Scheduling，R&S）系统再对数据进行分析、计算，优化出高效的物流配送路线并根据实际路况的变化进行调整。以美国联合包裹运送服务公司（UPS）为例，该公司在使用大数据优化运输网络方面作出了示范。最优的配送路线不依赖工作人员进行人工绘制，而是采用先进的计算系统实时对数十万种可能的配送路线进行分析，并在短短数秒之内找到最佳的配送路线；通过大数据分析，该公司做出了如下规定，即卡车不能左转，这样可以缩短行驶中的等待时间。未来，该企业将使用大数据对快递员行为进行预测，以及时纠正其不良行为，减少事故发生的概率。

　　货车在"行走"的时候除了会"自己看路"，也要会"观察"货物。想象一下，货车不仅能够载着货物行驶在道路上，还可以通过类似一双超级敏锐的"眼睛"和"耳朵"的物联网技术来感知货物的状态，比如实时监测货物的温度、湿度、震动等情况，就像是在时刻关注着货物的"身体健康状况"一样。这样一来，无论是在运输过程中还是在停车休息时，都能够及时发现并解决可能影响货物安全的问题，确保货物能够安全地到达目的地。一个比较有趣的例子是自动感知冷藏车，如图 5 – 10 所示。

图 5 – 10　自动感知冷藏车

5.3.2 "会感知"——配送无人化

"会感知"就是指智能配送系统可以自己识别订单信息,智能规划最好的送货路线,快速检查货物并把它们分类,这样就减少了人的参与。它的目标是变得更高效,送货成本更低。这个系统之所以特别,是因为它能够自动处理订单信息,找到最佳的送货路线,还能够利用无人机、自助提货柜、机器人等高级设备来帮忙送货,通过路径优化算法和大数据技术提高效率。智能配送还用了射频识别技术(Radio Frequency Identification,RFID)、网络技术和地理信息系统(Geographic Information System,GIS)等先进技术重新设计了流程,以降低送货成本并提高管理能力。物联网技术在这个系统中很重要,可以追踪货物送达的过程,并支持信息共享和提高送货效率。下文将详细解释包含感知层、网络层、应用层三个组成部分的物联网技术在无人机配送中的作用。

在无人机配送中,感知层就像是无人机的"眼睛"和"耳朵",负责采集各种数据。比如,小明是一家快递公司的员工,负责使用无人机进行快递配送。每天,他会收到大量的订单,需要及时、准确地将包裹送到客户手中。当小明使用无人机开展配送活动时,传感器会收集并传输数据,包括天气状况、交通情况和订单信息。通过这些数据,智能系统可以智能规划最佳的飞行路线,避开拥堵和恶劣天气,保证包裹能够按时送达目的地。某天,小明接到了一个重要的订单,要求在短时间内送达,但是突然下起了大雨,交通也异常拥堵。幸运的是,无人机配备了物联网技术,它感知到了雨势和交通情况的变化,并立即调整了飞行路线,选择了一条更快的路径避开了拥堵区域。

网络层是连接无人机和操作中心之间的桥梁,像是一条无形的"电子高速公路",通过无线网络将无人机采集的数据传输到操作中心,并确保无人机、道路、货物和用户之间能够实时交流。接着上述故事,无人机感知到周围环境的变化并根据分析后的数据做出决策后,网络层负责将下大雨和交通拥堵的信息传输到智能配送系统的操作中心,使配送人员可以实时了解情况并采取相应措施，例如重新规划其他无人机的任务或通知客户配送时间可能会延迟。

应用层则是无人机配送系统的"操作界面"，通过它，用户可以发布、检索信息，并根据系统提供的最佳配送方案做出正确的决策，就像是给用户提供了一个方便快捷的"无人机配送平台"。在上述故事中，当无人机感知到环境变化并通过网络将这些信息传输到操作中心后，应用层开始发挥作用。它会利用先进的算法和规则来分析这些数据，以决定最佳的行动方案。在面临天气变化或交通拥堵时，应用层可根据预先设定的优先级和条件重新规划无人机的飞行路径，确保快递能够及时送达。此外，应用层还负责与客户和配送人员进行实时沟通。当配送时间可能会延迟时，应用层会自动发送通知给客户，告知他们最新的配送状态和预计送达时间。同时，它也会向配送人员提供必要的指导和支持，以应对突发情况并确保任务顺利完成。

5.3.3　"会合作"——配送协作化

协作配送系统指的是集中配送来自不同客户及不同企业的商品货物，也就是在相同的配送路线上为不同的客户配送货物。要想进行协作配送，不仅人要有合作意识，也要求配送设施和工具"会合作"，这就离不开数字技术的支持。

比如，一位致力于提高城市配送效率和质量的有志青年小明，他创建了一家智慧配送公司，他深知要实现各种配送资源"会合作"这一目标，需要整合各方资源，并应用最先进的技术来实现协作配送。

小明决定利用物联网技术，将小型传感器安装在物流车辆和配送设备上，以实时监控货物的状态和车辆的位置。这些传感器的引入使得配送过程中的信息变得实时可见，为协同配送奠定了坚实的基础。同时，该物流公司还采用了大数据和人工智能技术，通过分析历史配送数据，预测不同区域的配送需求，并优化配送路线，以提高配送效率。为了确保物流信息的安全性和可追溯性，小明引入了区块链技术，建立了一个安全可信的配送信息平台，这不仅促进了不同主体间的合作，还增强了配送过程中信息的透明度。

该物流公司还利用云计算和边缘计算技术，处理和分析大规模的配送数据，提供实时的配送决策支持，以及对配送过程的实时监控和管理，从而更好地优化配送路线和利用资源，确保每一次配送都是最高效的。最后，为了应对复杂的配送环境和需求，公司引入了无人机和自动驾驶技术，实现了部分配送过程的自动化操作，这不仅进一步提高了配送效率，降低了成本，还使得公司能够适应城市中各种复杂的配送需求（见图 5 – 11）。

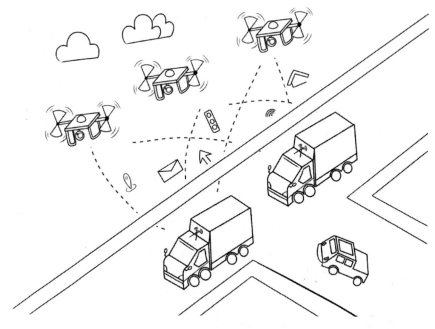

图 5 – 11　无人机与货车协同配送

通过建立统一的信息平台和协作机制，将各方的配送需求和资源整合起来，公司成功地实现了对配送过程的全面监控和管理，加强了配送资源之间的协作，实现了"会合作"的配送愿景。

案例 5 – 1：京东物流：天狼货到人系统助力，仓储物流数字化转型

京东集团从 2007 年开始自建物流，2017 年 4 月正式成立了京东物流集团

（以下简称"京东物流"）。2021 年 5 月，京东物流在香港联合交易所有限公司（以下简称"香港联交所"）主板上市。京东物流是中国领先的技术驱动的供应链解决方案及物流服务商，以"技术驱动，引领全球高效流通和可持续发展"为使命，致力于成为全球最值得信赖的供应链基础设施服务商。

近年来，京东物流聚焦"互联网＋物流"，技术上专注于无人设备、应用软件、物流技术研发及应用，致力于对外提供供应链技术和服务赋能，打造着眼未来的智能仓储物流系统，为客户提供供应链数字化、智能化解决方案。

一、天狼货到人系统

在电子商务蓬勃发展的推动下，我国仓储行业快速发展，智能机器人逐渐成为大型仓储物流中心必不可少的关键组成部分。在 3C、服饰、工业品、医药、汽车等行业中，品类多、人员少、差错高、空间小等仓储问题日益凸显，如何通过技术创新改变物流高成本、低效率的现状，实现企业降本增效，是国内物流企业不得不面临的难题。针对此类难题，京东物流基于拥有的自建物流体系优势，探索并实践出一套较为有效的实施方案。

天狼货到人系统是京东自研自产的产品，成长于京东物流智能仓储拣选应用实践，开放应用于各行业仓储及拣选场景成本优化与智能水平提升。作为国际领先的货到人智能仓储拣选系统，天狼货到人可以有效提升存储能力和拣货人效，也可以根据不同的仓储场景提供定制化的解决方案，解决目前仓储物流行业存储能力不足以及出入库效率不高等痛点，并缓解仓储占地以及人力问题。天狼货到人系统如图 1 所示。

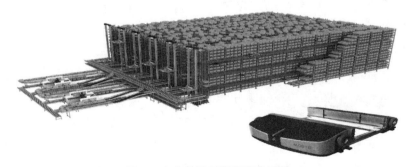

图 1　京东物流天狼货到人系统

资料来源：天狼货到人系统［EB/OL］. 京东物流，https：//www.jdl.com/ToteShuttle.

二、3C 电子应用案例

（一）项目背景

广东亿安仓供应链科技有限公司（以下简称"亿安仓"）隶属于中国电子信息产业集团（CEC），前身是深圳中电港技术股份有限公司（以下简称"中电港"）的供应链业务部和仓储物流部，承接着平台上电子元器件的分销业务，服务于上游 100 多家元器件厂商以及下游超过 5000 家的电子设备生产制造商。据亿安仓相关负责人介绍，在亿安仓传统的仓储作业中，主要依靠人到货的拣选方式，拣货效率与拣货准确率都是难题。而且仓内既有完税商品，也有保税商品，只能通过不同楼层进行物理隔离，效率低，管理难度大。

为了破解这些难点，仓储的自动化升级成为关键。作为整个供应链体系建设中最小的建筑单元，自动化仓的建设尤为重要，但也因存储产品特性导致建设难度大，需要综合考量的因素多。具体来看，可归纳如下。

（1）最小存货单位（SKU）种类多、效期管理严格、存储分散导致人工拣货效率低、拣货准确率低，影响业务快速发展。

（2）存储商品类型中存在完税商品和保税商品，实际作业过程中只能通过不同楼层进行物理隔离，人工作业效率低，管理难度高。

（3）3C 行业产品存储环境要求高，对温度、湿度、防尘、防电等级要求非常高。

基于以上问题，京东物流结合客户实际业务痛点及现场条件，通过对产品进行升级调整，打造 3C 行业领域具备密集存储、精准拣选、智能分单的综合性解决方案。

（二）解决方案

亿安仓虎门中心仓的仓库占地面积为 2 万平方米，总高度为 23.8 米，建筑面积约为 3.4 万平方米，其中保税仓面积为 2.4 万平方米、非保税仓面积为 9039 平方米、公摊面积为 565 平方米。通过前期调研发现，原有作业流程有较多优化空间。如仓库有效利用高度不足、坪效低；完税和保税商品通过楼层物理隔离，不易管理；大多为托盘地堆或隔板货架存储，上万种 SKU 采用人工搬运、补货、拣选方式，效率低、作业时间长、易出错等。

根据实际情况和需求,将改造方案的设计思路确定为以下4点。

(1)现有仓库原址技改,在不影响生产作业的前提下,保留物流作业通道,综合考虑消防、土建要求,合理安排施工计划。

(2)最大化地利用现有的有限空间,在20米高的净空内满足大小托盘不同层高设计,满足整箱与周转箱共库存储,储量最大化设计,提高坪效。

(3)与客户WMS无缝对接,做系统匹配,根据电子元器件订单特性,设计符合人机工程学的拣选工作站,提高拣选效率,减少差错。

(4)最大化发挥设备效能,预留足够扩展空间,提高效率,提升空间利用率。

最终,确定立体仓库区占地面积1800平方米,用于打造高密度储存空间,70%的面积做托盘存储,30%的面积做箱式存储,实现托盘存储3200托以上,箱式存储2万箱以上。

(三)项目亮点

在不影响现有物流作业的情况下,在2个月内完成设备安装调试,如图2所示。

图2 天狼智能仓储拣选系统仓内操作场景

(1)采用托盘及箱式存储相结合的存储形式,有效解决了原有存储空间不足、SKU 数量多、箱式拣选的难题。

（2）实现存储容量最大化，在消防安全达标的前提下，使托盘货位、箱式货位存储容量达到最大。

（3）保税区输送线采用定制化滚筒输送，可满足不同尺寸原箱自动出入仓库，解决原仓库存储空间不足、拣选效率不高的问题。

（4）箱式立体库采用纸箱与周转箱共库存储，采用可变距穿梭车自动存取，提高仓库柔性。

（5）采用超级电容供电驱动的穿梭车、19 米的料箱提升机（加速度可达到米/平方秒，速度达米/秒），输送线配有多功能工作站，可实现入库、拣选、理货、盘点，提高通用性，提升工作效率。

（6）WCS 控制系统通过输送线实现原箱自动分配工作站、空箱自动供给、出入库调度共享。

（7）周转箱采用防静电箱，可有效保护电子商品安全。

（8）穿梭车支持原箱输送存取，满足多种尺寸原箱混合存储、直接出入库；支持超级电容方式供电，减少滑触线和电池使用，更加节能经济；车辆额定载荷达 50 千克，最远伸叉距离达 1.2 米，在不增加车辆的基础上，保证储位数量和出入库效率要求；在消防安全达标的前提下，实现托盘货位、箱式货位存储容量最大化。

（四）最终成效

通过项目升级改造，在同一库区，可实现完税商品与保税商品自动存取，有效提升仓储管理能力，提高仓储运营效率。根据分析对比，京东物流助力亿安仓节省 10000 平方米以上仓储面积，提升拣选效率 80%，提升作业人效 230%，提升拣货准确率至 99.99%。在大幅提升拣选效率的同时，有效降低人员作业强度，解决了复杂仓储作业环境下的自动化升级改造难题，打造全新智能仓储模式，从而助力亿安仓逐渐实现产业供应链现代化。

资料来源：仓储与配送协会. 典型案例 | 京东物流：天狼货到人系统助力，仓储物流数字化转型 ［EB/OL］. https：//baijiahao. baidu. com/s？id = 1747018203891557514&wfr = spider&for = pc，2022 - 10 - 18.

案例 5-2：长期主义者德邦，如何用物流安全决胜千里

自 1996 年问世以来，从最初的航空货代到近年的大件快递，德邦的业务历经多次转型，却总能抓住每一次时代跃迁的契机。尽管货运形式随着业务调整而不断变化，德邦对货运安全的追求却始终如一。

正如企业的成功不能一蹴而就，安全的管理也需要因时制宜。

2008 年，当时国内的安全管理尚处于萌芽之中，大部分物流企业还缺乏安全管理意识和举措，德邦却已经成为第一批主动管安全的企业。基于 GPS 设备，德邦开始"抓定位"，通过车辆位置、超速等基础信息，形成安全管理雏形。

进入 2013 年，德邦引入与 GPS 联动的拍照摄像头，管控司机行为。基于此德邦的管理方式得到较大改变，不仅从以前的管车辆进化到管司机，也实现了从查定位到视频可视的变化。

2018 年，逐步成熟的 AI 视觉识别带来了"智能"的新特性，此时的监控设备已经可以对司机的疲劳神态、抽烟打电话等分心动作进行自动判断，向司机发出警报的响应时间也缩短到秒级，实现从事后管控向事前风险改善的升级，事故率进一步降低，德邦的安全管理效率实现了质的飞跃。

自 2008 年起，在近年来的安全探索历程中，德邦发现要想实现最高效的管理，除了需要传统的安全设备设施引入以外，还需要加强"人"的管理，技术与运营缺一不可。可以说，正是因为对安全管理的重视，德邦才能从快递快运的"插班生"，快速成为行业中安全管理的"优等生"。与此同时，德邦还致力于构建完善的人才培养体系，被业界称为"物流行业的'黄埔军校'"，并为行业不断输出安全管理高素质人才。

毫无疑问，德邦抓住了安全管理的核心。围绕司机、安全员和车队长这个铁三角，建立安全监控中心，用过程数据做考核，在一个安全管理平台形成"风险识别—干预—考核—培训改善"的闭环，也为后续的司机和安全员培养及发展打下了基础。

德邦为何会希望搭建安全管理铁三角？技术 + 运营的管理方式下，又能给德邦带来哪些优势？为什么快递快运领域中，德邦的管理方式会显得格外

成熟？

一、技术 + 运营，安全管理最优解

归根到底，是德邦对于行业的典型痛点、自身的业务方向和"认知"都非常清晰。在从零担转型至以大件为主的快递快运过程中，德邦逐渐沉淀出快递快运行业的核心洞察：疲劳驾驶就是快递快运的关键隐患。究其原因，快递快运主要场景在于干线，多数群体在晚上甚至凌晨发车，这也正是人最疲劳的时候；同时，短则几百千米，长达数千千米的运输中，司机的休息时间和环境有限，路途中也容易疲惫困倦。一旦发生事故，损失难以估量。

与出现事故找司机的行业现状不同，德邦认为，发生事故并不仅是司机的问题，更是管理的失职。而能直接的承担"管理"职责的人，就是对司机排班、挖掘事故隐患的车队长和安全员。

因此，要实现司机、安全员、车队长的链条式管理，就需要基于技术 + 管理双轮驱动，搭建安全管理铁三角，并逐渐形成从单一风险事件到隐患识别角度管理风险的管理能力，完全将事后管控调整至事前优化，达成管理最优解。

可见，当企业洞察与管理行为始终相辅相成，德邦沉淀出脱胎于行业却优于行业的管理方式也就理所应当。

二、一个平台，安全管理全闭环

为进一步提升管理能效，实现一个平台闭环管理，2021 年，德邦联合菜鸟、G7 易流共同搭建车联网平台，将车辆与司机纳入同一平台管理，车队长和安全员能基于一个平台挖掘隐患、改善风险，结合数字大屏，为管理者提供统一高效的管理工具。下图展示了德邦安全管理体系。

平台以降低事故率为目标，基于多模态大数据视频深度学习模式，结合百亿公里数据积累，深度学习各类风险场景形成的自动驾驶级别的安全算法，可准确识别安全事件和在途风险，当设备抓取隐患，即能实现车联网系统内的闭环整改。

基于一体化平台，安全员和车队长的管理也就有了共同的媒介去做到"人的管理"——安全员挖掘隐患，实现事前预防管理、车队长将潜在风险

改善、司机则优化驾驶行为更改不良习惯，保证"司机、车队长、安全员"铁三角高效运转。

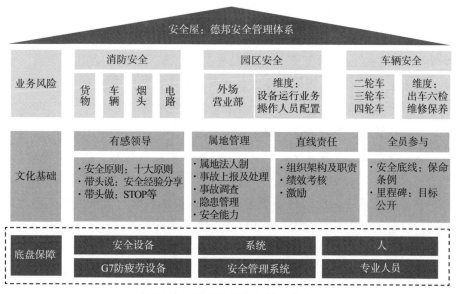

图　安全屋：德邦安全管理体系

当司机行车出现风险行为，安全员会实时挖掘出诸如疲倦、玩手机等危险行为，车队长下发实时提醒，司机立刻就能收到语音提示。此外，有隐患的驾驶行为将会进入整改池，根据隐患级别不同，将有不同的处理方式，例如在与司机面谈的对象上，三级隐患是司机的直属经理，二级隐患是车队长，一级隐患则是车队总监。此外还需要手写承诺书，并上传系统，保证所有的整改都留有痕迹，留有结果。

举个例子，同样是吃东西，吃面包和吃饼干的处理结果不同，吸香烟和电子烟的处理结果也不同。究其原因，就是不同的行为下，司机的动作会有差别，饼干掉渣，香烟有烟灰，都会引发司机习惯性的手部动作，而这些额外的动作都有可能产生风险，安全员就要将细枝末节的隐患都挖掘出来，车队长也就需要再与司机优化行车动作和标准。

同时，为提升隐患识别的准确率，德邦不断引入防疲劳安全设备，并针对"频繁低头"等特殊场景开发定制化算法，采用新识别算法和系统学习技术提升设备报警准确率。以打电话触发报警为例，过滤掉喝水等手持异物的误报，准确率不断提升。

基于平台的安全管理行为并非空中楼阁，它以企业的安全管理体系为基石。结合杜邦的安全管理理念，G7易流与德邦一起搭建出适用于德邦的安全管理体系。以人员为底盘、以文化为基础，深入消防、园区、车辆等场景，基于企业、车队、司机等全方位数据，实现数据代替经验，算法辅助决策，不断优化和改善风险，持续提升安全生产能力。

三、从快递快运到城配，安全管理再进阶

当快递快运愈发规范化，德邦的目光自然而然转移到了新的"硬骨头"上——城配。

作为"最后一公里"的重要组成部分，城配一般涉及市内配送和城际配送，辐射半径大多在200千米内。无论是订单数量多还是送货点分散、时间要求严，对于企业供应链都极具挑战。更重要的是，与笔直宽阔的高速公路相比，城市路况的潜在风险更大。城配多为单司机运输，涵盖大量拥堵路段，红绿灯、限高杆、多车道变化且行人众多等路况风险，进一步放大了城配的复杂性。

而要破解城配之困，对于安全则需要更精细的把控。为让每一个司机在每一个路段都能安全无虞，德邦与G7易流共同探索大数据挖掘风险地图的能力。

基于400万＋货车的真实轨迹，以及历史发生的风险事件，G7易流挖掘出50万＋的高危路段并及时预警。将急弯、连续上下坡、复杂路口、高风险路段、实时拥堵限行等道路风险信息在一个风险看板上有效显示。在过去管车、管人、管货的层次上，更进一步增加道路因素，将人、车、路、货等多维度风险都通过云端反馈到全量协同的感知决策模型上。在特定的人车路况下，感知决策模型将能判断风险概率，并及时有效提醒司机预警。

无论是早些年的国内零担之王，还是现如今的大件快递"领头羊"和城配新军，德邦始终在提升安全领域的核心竞争力。作为一家物联网（IoT）＋软件即服务（SaaS）公司，G7易流历经数年打磨出基于"铁三角"

的数据智能＋运营管理安全解决方案，为货运安全带来美好改变。只有让物流更安全，公路货运的降本增效与体验提升才有意义。

资料来源：长期主义者德邦，如何用物流安全决胜千里？［EB/OL］. G7易流，2023－09－13，https：//www. g7e6. com. cn/case_detail/674. html.

第 6 章

智 能 制 造

6.1　智能制造是什么

　　智能制造是一种集合了现代信息技术与传统制造技术的先进生产方式，其核心是利用自动化、信息化和智能化技术，实现制造过程的优化、效率提升和成本降低。这种生产方式不仅仅是对机械化、电气化的延续，更是通过整合网络和数据技术，将生产过程变得更加智能和灵活。

　　在全球范围内，随着技术的快速发展，智能制造已成为各制造业大国提升国家竞争力的关键战略。例如，德国的"工业4.0"、美国的"工业互联网"和日本的"机器人新战略"等，都是智能制造的代表性战略，它们旨在通过推动制造业的数字化和智能化转型，来应对未来市场的复杂需求和挑战。

　　智能制造的实质是创建一个高度灵活的个性化生产环境，其中智能设备和系统能够在生产过程中进行自我学习和优化。这些系统通过收集和分析生产数据，能够自动调整生产流程，以应对不断变化的生产需求和市场条件。智能工厂利用网络协同，将生产链中的各个环节紧密连接，实现信息的实时流通和资源的最优配置。

　　中国作为一个正在快速工业化的国家，对智能制造的发展也非常重视。《中国制造2025》是中国推动制造业升级的重要战略，该战略强调通过智能制造，提高制造业的创新能力和竞争力，实现从制造大国向制造强国的转变。智能制造不仅可以帮助企业减少能耗和资源消耗，还能提高产品质量和生产效率，最终达到可持续发展的目标。

6.2　智能制造的内涵

智能制造是制造业结合现代信息技术的一种进阶发展形式，涵盖自动化、信息化和智能化的深度融合，以推动生产效率的提升和成本的降低。它不仅仅关注生产过程，还扩展到整个企业活动的各个层面，如设计、生产、管理和服务等。

智能制造的发展可以分为三个主要阶段。

萌芽期（20 世纪 80 年代）：这一阶段，智能制造主要局限于单个制造单元的自动化和知识技术的应用，如专家决策系统。由于技术限制，这一时期的智能制造并未实现广泛的网络连接或数据流动。

融合期（20 世纪 90 年代至 21 世纪初）：随着机器学习、数据科学与工业自动化技术的结合，智能制造开始解决更复杂的问题。应用范围包括工业过程控制、机器人技术、视觉质量检测和工业数据分析等，这些技术的融合推动了制造流程的进一步优化。

深化期（21 世纪初至今）：新一代的人工智能技术，如深度学习和知识图谱，引领了智能制造的新浪潮。这一阶段，智能制造不仅应用于设备的预测性维护和生产优化，还扩展到智能决策和工业机器人等领域，实现了高度的数据驱动和网络协作。

智能制造现今的内涵包括使用先进的传感器、通信技术和制造技术的集成，以实现更高的生产自动化和信息流与物质流的同步。例如，美国定义智能制造为技术和实践的结合，监测、控制和优化生产过程；中国则强调新型的生产方式，特征是自感知、自学习、自决策和自适应等功能。

在大数据和物联网的背景下，智能制造正转变为一个全面、网络化的生产和管理系统。它不仅解决生产技术问题，而且通过智能化提升企业在市场中的响应速度和服务质量，满足市场对产品多样化、个性化和定制化的需求。智能制造通过技术进步，推动了从传统的规模化、成本导向制造向差异化、服务导向的转变，从而在全球竞争中保持领先。

6.3 制造转变成"智造"

"人工智能"最初在 1956 年的达特茅斯会议上被提出，该会议旨在创建能够像人类一样利用知识解决问题的机器，从而开启了人工智能的首次浪潮。在早期，研究集中在模拟人类神经元的反应，通过从训练样本中学习来完成分类任务。然而，这些初期模型只能处理简单的线性分类问题，连基本的异或问题也无法解决，导致神经网络研究逐渐陷入僵局。

人工智能的第二次高潮发生在 20 世纪 80 年代，计算机技术的广泛普及和计算能力的显著增强使得机器学习迈入新的发展阶段，特定领域的专家系统开始在商业上取得成功。尽管如此，由于应用范围有限和知识获取的难度，人工智能研究再次遇到"瓶颈"。

进入 21 世纪初，大数据时代的到来为人工智能提供了丰富的数据资源，高级机器学习算法如深度学习的出现则引起了广泛关注。这些深层网络结构能够自动提取复杂的数据特征，避免了传统方法中依赖手工提取特征的局限，特别是在语音和图像识别领域取得显著成效。

因此，新一代人工智能技术被视为 21 世纪最前沿的科技，具有显著的产业溢出效应，被寄予厚望以推动包括国防、医疗、工业、农业、金融、商业、教育及公共安全等多个领域的革新和跨越式发展。此外，人工智能也助力工业机器人和无人驾驶汽车等新兴产业的迅猛发展，成为推动工业 4.0 的关键力量。当前，智能制造、智能家居、无人驾驶和智能医疗等领域的快速发展，都是人工智能与具体应用场景结合的最新展现。

+-+

案例 6-1：特斯拉柔性生产转型

特斯拉之前是一家传统的汽车制造商，采用传统的刚性生产模式。然而，随着消费者对汽车个性化需求的增加以及市场竞争的加剧，传统的生产模式已经无法满足市场的多样化需求。因此，特斯拉意识到需要转向柔性生产模式，以快速响应市场需求和客户偏好。通过引入模块化生产系统、精益制造和协作机器人技术，特斯拉成功地实现了柔性生产的转型。这一转型过程是一个渐进的过程，特斯拉逐步引入了新的生产技术和管理方法，不断优化生产流程和资源配置，最终实现了从刚性到柔性生产的转变。

模块化生产系统：特斯拉采用了先进的模块化生产系统，将汽车生产线划分为多个模块，每个模块专注于生产特定部件或系统，如电池模块、电机模块、车身模块等。这些模块采用了标准化接口和组件，使得它们可以灵活地组合和重配置，以适应不同车型和配置的生产需求。例如，特斯拉的工厂可以在几个小时内进行生产线的重新配置，从而快速实现不同车型的生产。

精益制造：特斯拉积极采用精益制造方法，通过与需求信号同步生产，优化库存管理。特斯拉的工厂采用实时数据分析和供应链可见性，实现对库存水平的精准控制，避免了过多的库存积压和资金占用。同时，特斯拉与供应商建立了紧密的合作关系，实现了供应链的快速响应和灵活调配，从而使生产过程更加流畅和高效。

协作机器人技术：特斯拉在汽车生产线上广泛应用协作机器人技术。这些机器人与人类操作员共同工作，执行重复性高、精度要求高的任务，如焊接、装配等。通过引入协作机器人技术，特斯拉提高了生产线的灵活性和生产效率，同时也增强了工作场所的安全性，减少了工伤事故的发生。

特斯拉通过模块化生产系统、精益制造和协作机器人技术的应用，成功地实现了柔性生产的转型，使得其能够快速响应市场的变化，提供定制化的产品，并缩短了交付周期，从而在激烈的市场竞争中保持了竞争优势。

资料来源：特斯拉专题研究报告：产品、工厂、技术、生态展望［EB/OL］.搜狐网，2021-12-12，https：//www.sohu.com/a/507535238_120099904.

案例6-2：Spotify敏捷生产方式转型

Spotify是一家知名的音乐流媒体服务提供商，为用户提供了全球范围内的音乐、播客和视频内容。面对竞争激烈的音乐流媒体市场，Spotify 需要不断创新和迭代，以满足用户不断变化的需求。

转型过程：

迭代开发：Spotify 采用了敏捷生产的迭代开发方法。其将产品开发周期划分为短期迭代，每个迭代通常持续 1~2 周。在每个迭代期间，Spotify 团队专注于解决特定的用户问题或改进特定的功能，根据用户反馈和市场趋势不断调整和优化产品。例如，可能通过增加新的播放列表功能或改进推荐算法来提高用户体验。

跨职能协作：Spotify 倡导跨职能协作，打破了传统团队之间的壁垒。设计、工程、营销和运营团队紧密合作，共同制定产品路线图和优先级，并协同推动产品开发和发布。这种跨职能协作促进了快速决策和创新，使得 Spotify 能够更好地适应市场的变化和用户的需求。

持续改进：Spotify 强调持续改进，通过持续反馈循环和绩效指标进行优化。其定期收集用户反馈和数据分析结果，识别产品中存在的问题和改进的机会，并及时调整产品方向和优先级。通过不断改进产品功能和用户体验，Spotify 不断提高了产品的竞争力和用户满意度。

通过采用敏捷生产方法，Spotify 成功地实现了从传统的刚性生产模式向灵活、敏捷的生产模式的转型。这种转型使得 Spotify 能够更好地适应变化多端的市场环境，持续创新，保持竞争优势。采用敏捷生产方法后，Spotify 能够更快地推出新的功能和进行改进，缩短了产品上线的时间，增强了市场竞争力。通过持续改进产品和用户体验，Spotify 提高了用户满意度和忠诚度，增加了用户留存率和付费订阅量。跨职能协作和持续改进的文化促进了团队之间的合作和创新，增强了团队的凝聚力和执行力。

资料来源：搞懂精益和敏捷的本质区别及其联系，很简单！［EB/OL］. 搜狐网，2024 - 03 - 05，https：//www. sohu. com/a/761911433_121655122.

6.4 智能工厂

在当今的企业设计和生产环节中，信息化系统已得到了广泛应用。例如，计算机辅助设计（CAD）在研发阶段被普遍使用，制造执行系统（MES）在生产阶段得到了导入，而企业资源计划（ERP）系统在企业管理中也被广泛采用。然而，在解决设计、制造管理等环节的信息协同方面，系统解决方案仍需进一步完善。

智能工厂基于产品和工厂全生命周期的数据，通过计算机虚拟环境对整个生产过程进行仿真、评估和优化，并扩展到整个产品和工厂的生命周期。这种新型生产组织方式在人工智能、认知计算和机器学习的发展下变得更加智能化，系统能够解读、调整和学习互联设备所收集的数据。具备这种能力后，制造企业不仅能实现任务自动化，还能处理复杂的互联流程。随着全球化进程的加快，供应链和生产需求变得更加离散化，生产过程涉及多个地区的设备和供应商，同时，个性化需求不断增加，资源供应链变得更加复杂。工业4.0基于信息物理系统（CPS）实现智能工厂，推动制造模式的变革。

工业4.0从嵌入式系统发展到信息物理系统，形成智能工厂。智能工厂作为第四次工业革命的代表，逐步实现物联网、数据网和服务互联网的无缝连接。未来的智能工厂需要打破设备、数据采集、企业信息化系统和云平台等不同层次的信息壁垒，实现从车间到决策层的纵向互联。

在智能工厂的三层信息技术基础架构中，物联网和服务互联网分别位于底层和顶层。企业资源计划（ERP）软件、供应链管理（SCM）、客户关系管理（CRM）等系统与服务互联网紧密相连，处在最上层。中间一层通过CPS实现对生产设备和生产线的控制和调度等功能，从智能物料供应到智能产品产出，贯穿整个产品生命周期。底层通过物联网技术实现控制、执行和传感，完成智能生产。

例如，现代工厂的物料配给系统已不再是简单的自动循环取货，物流环节正在向无人化方向发展，能够通过互联系统识别需求，并向自主控制的运输系统传达指令，实现实时响应。这些系统之间及互联网的工作台和仓库之间互相传递信息数据，动态应对供需变化。

　　智能工厂的高度集成化极大地提高了企业的生产效率，优化了资源组织，提高了员工的生产积极性，使企业从不同个体变成具备超强凝聚力的团队，促进人员管理、任务分配、工作协调、信息交流、设计资料与资源共享等方面的根本性变化。工业4.0倡导通过信息物理系统，将生产设备、传感器、嵌入式系统、生产管理系统等融合成一个智能网络，实现设备与设备及服务与服务之间的互联，从而实现横向、纵向和端对端的高度集成（见图6-1）。

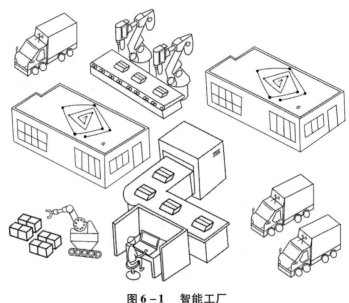

图6-1　智能工厂

　　横向集成指通过网络协同制造的企业间通过价值链及信息网络实现资源信息共享和整合，确保企业间的无缝合作，提供实时产品与服务的机制。纵向集成指在智能工厂中的网络化制造体系，实现分散式生产，替代传统的集中控制生产流程，建立有效的纵向生产体系。端对端集成指贯穿整个价值链的工程化信息系统集成，保障大规模个性化定制的实施，实现信息世界和物理世界的有效整合。

　　智能工厂的三项集成从信息共享的集成阶段迈向过程集成阶段，并不断向智能发展的集成阶段前进，推动企业内部、企业与协同合作企业及企业与客户之间的全方位整合。制造业的发展越来越依赖于先进技术支持的全方位整合，基于全方位整合的集成化思维成为制造业的新思维之一，未来的发展将以"借势借力、整合资源"的全方位整合为基本思路。

+-+

案例6-3：博世力士乐——批量定制的互联实现

　　博世力士乐（Bosch Rexroth）位于德国洪堡的基地拥有50年的历史和约700名员工，是德国工业4.0的首批示范试点之一。采用了包括无纸化的动态看板、自我制导的产品、独立的工作单元、员工与产品的自动识别、实时的质量检测等多种创新技术。通过运用基于无线射频识别（RFID）的电子看板和分拣等物联网技术，博世力士乐显著提升了生产效率和产量，同时能在流水线上实现多样化的定制化生产。

　　这些技术的应用提高了生产线的柔性，使得批量定制在经济上变得可行。目前，工业制造业的企业可以在自己的生产线上对博世力士乐的液压运动控制单元进行定制，确保了后续生产的顺利进行。博世力士乐还通过更紧密地整合产品区域装配技术和移动控制单元，从零件供应商向灵活的模块供应商转型，这不仅使其能够纵向整合供应链，还为未来开发如远程诊断和预测性维护等增值服务提供了可能。

　　此外，博世力士乐为工人提供了包括应用程序在内的多种工具，使他们能够访问各类信息和数据，例如利用应用程序进行实时质量检测，自动反复核查生产流程的准确性，使工人能及时发现并纠正生产偏差。

　　资料来源：普华永道：数字化工厂2020——塑造制造业的未来［EB/OL］.网易号，2018-12-29，https：//www. 163. com/dy/article/E46RLG7E05118K7K. html.

+-+

※※

案例 6-4：特斯拉——超级工厂

特斯拉的超级工厂位于美国加利福尼亚州，最初是通用汽车和丰田的合资工厂，2010 年被特斯拉收购。这座工厂大量使用工业机器人，是全球最先进的电动汽车生产设施之一，从原材料处理到最终组装，所有生产工序均在此工厂内完成。超级工厂内有 160 多台机器人，分布在冲压、车身、烤漆和组装中心，其中车身中心的多功能机器人可执行多项任务，如冲压、焊接、铆接和胶合。

特斯拉将自己的产品定义为集硬件、软件、内容和服务于一体的大型可移动智能终端，具有独特的人机交互方式。由于电动汽车相比传统汽车零部件大幅减少，特斯拉的 ModelS 和 ModelX 有 60% 的零部件是通用的，显著提高了生产效率。此外，机器人和其他数字化技术的使用不仅使工人的工作更加轻松、安全和高效，而且协作机器人能够执行预设任务，并且通过交互"学习"工人的动作，无须复杂编程。

资料来源：未来工厂：让机器人生产机器人 [EB/OL]．中国战略新兴产业，2021-12-27，https：//baijiahao．baidu．com/s？id＝172028538688610 8274&wfr＝spider&for＝pc．

※※

案例 6-5：日本小松公司——KOM-MICS 实现预测性维护

日本小松公司开发了名为小松制造创新云系统（KOM-MICS）的智能工厂系统，该系统实现了所有生产设备的网络连接，以便生产信息可视化。小松公司最初在其焊接机器人上应用了这一系统，未来计划将其扩展到所有生产设备上。

此外，小松公司还有一个名为 KOMTRAX 的远程监控系统，该系统能够监控小松产品的运行状况，并及时通知用户何时需要进行维修保养，从而提高了运行效率。KOMTRAX 系统不仅帮助小松公司拓展了软性服务市场，还提升了原有硬件产品的附加价值。

资料来源：未来工厂：让机器人生产机器人 [EB/OL]．中国战略新兴

产业，2021 - 12 - 27，https：//baijiahao. baidu. com/s？ id = 1720285386 886108274&wfr = spider&for = pc.

·+·

6.4.1 人机协同制造

人机协同制造是智能制造的核心理念，旨在将人类的智慧和机器的力量相结合，发挥双方的优势，实现生产效率和质量的提升。在智能制造的广阔天地中，人机协同制造显得尤为关键，它通过融合人的决策力与机器的执行效率，塑造出一个既高效又灵活的生产环境。这种生产模式深刻体现了人与机器在工作中的互补性，通过精心设计的互动，极大地提升了生产流程的效率和最终产品的质量。

人机协同制造的核心在于优化人和机器的互动关系。在这种模式下，人和机器并不是各自为战，而是像伙伴一样协同作业。人的角色在于利用其独到的决策能力、问题解决能力和创造性思维来指导和优化生产过程。与此同时，机器则发挥其在执行重复任务、处理大量数据和进行精确操作方面的优势。通过这种合作，人机协同制造能够实现比传统生产模式更优越的生产效果。

互动是人机协同制造中的一大特色。在实际操作中，这种互动可能是直接的物理合作，例如人和机器人一起在装配线上共同完成复杂的组装任务；也可能是间接的，通过先进的软件系统进行合作，人类操作者和机器之间通过数据和命令的交换，实现即时的沟通和反馈。这种动态交互确保了信息的流动性和实时性，是高效协同的关键。

在传统生产系统中，人和机器往往有着固定的角色，但在人机协同制造中，这些角色更加灵活和适应性强。例如，机器人可以从简单的重复性任务执行者转变为支持和辅助角色，帮助人类员工进行决策或处理复杂问题。这种角色的流动性使得生产过程可以根据实际情况和需求进行快速调整。

实现有效的人机协同离不开先进的技术支持，包括人工智能、机器学习、传感器技术、云计算等多种信息技术的应用。这些技术不仅使机器能够更好地理解人类的指示，还能让人类更有效地控制机器操作。通过这些技术的应用，人机协同制造能够在更高层次上实现自动化和智能化，推动生产力的飞跃。

+·

案例6-6：汽车行业人机协同制造

汽车行业是自动化水平较高的行业，但有些工艺相对复杂，且工序较灵活，还是需要人工完成，协作机器人拥有柔性化生产特性，能与人一起从事重复性高的工作，现已广泛应用在汽车及相关行业中浸涂、上下料、装配等工序。

1. 汽车配件浸涂

汽车配件铸造行业为传统制造业，在中国人均汽车保有量快速提升的大环境下，传统的铸造业需要大量的人工进行砂芯成型，协作机器人的出现可以完美替代这些原本重复单调的工作，并且可以灵活部署和配置在不同产线上，减少企业的用工成本。节卡机器人零门槛、高性能等特点，为传统的铸造业提供了柔性化制造解决方案，助力企业生产转型。

2. 汽车后备箱储物帘把手板涂胶机上下料

某汽配件公司，因为行业的特殊性，生产工序都是人工，节省人工成本、提升公司自动化水平势在必行。经前期方案调研发现，物料具有特殊性，料仓物料不是完全水平状态；产品尺寸大，长度大于1米，需要通过机器人的柔性避开障碍物，避免干涉；产品尺寸大和生产节拍要求高，对机器人速度和稳定性有较高要求。

3. 汽车发动机装配

在发动机齿轮箱装配中，双销轴装配是一类复杂的操作任务，生产效率和产品质量依赖于人工技能和装配过程中两对轴孔同时存在装配关系，且必须同时满足正确的装配关系，才能完成装配任务。节卡根据客户需求及行业痛点，通过用力控自适应算法实现汽车发动机中差速器齿轮精密的双销轴装配，装配间隙小于0.02毫米，准确、可靠的定位和装配使装配速度得到提高，获得满意的装配效果。

4. 汽车锁火花塞

汽车火花塞在很大程度上决定着发动机的性能，由于火花塞毛坯比较脆弱，通过人工进行装配一方面人工成本较高，另一方面会导致产品质量和稳定性无法保证、品质不一致等问题。通过在产线上布局节卡机器人实现了高效率、高质量的锁火花塞工艺，解决了企业高人工成本问题（见下图）。

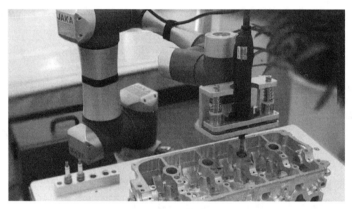

图　汽车锁火花塞

资料来源：协作机器人在汽车及相关行业经典应用案例（一）[EB/OL]. 造车网，2020 - 09 - 21，https：//www. zaoche168. com/detail/_01 - ABC00000000000299344. shtml.

6.4.2　云端协作生产

云端协作生产是智能制造领域中的一项革新，通过云计算和物联网技术的综合应用，使制造资源能够跨越地理限制进行全球整合和优化。这种先进的生产模式打破了传统制造业必须依赖固定物理位置的局限，实现了全球范围内的生产活动协调与同步，从而大大提升了制造业的灵活性和效率。

云端协作生产通过云计算技术实现了全球生产资源的虚拟集成，包括不同地区的工厂网络、机器设备及全球分布的人力资源。通过云平台，企业能够实时监控和调度这些资源，实现优化配置，使资源利用达到最大化。

在此模式下，物联网技术发挥关键作用。生产设备和传感器持续收集操作数据，实时传输至云平台。这些海量数据不仅用于监控生产状态，还通过数据分析支持生产效率优化、维护需求预测和操作流程改进，为企业提供科学的数据支持决策。云端协作不限于机器之间的同步，它还强化了全球分布的团队成员间的合作。通过云平台，团队成员可以忽视地理和时间差异，共享信息、讨论方案，并协作解决问题，这种工作模式显著提升了团队的工作效率和项目的执行质量。

+·+

案例 6 – 7：

1. 西门子推出 MindSphere 平台

西门子是全球电子电气工程领域的领先企业，业务主要集中在工业、能源、基础设施及城市、医疗四大领域。西门子于 2016 年推出 MindSphere 平台。该平台采用基于云的开放物联网架构，可以将传感器、控制器以及各种信息系统收集的工业现场设备数据，通过安全通道实时传输到云端，并在云端为企业提供大数据分析挖掘、工业 App 开发以及智能应用增值等服务。

MindSphere 是西门子推出的开放式物联网操作系统，旨在连接实体世界的机器、物理基础设施与数字世界。它提供了数据采集、管理、分析和应用开发的综合解决方案，使得制造企业可以实时监控设备状态，预测维护需求，并优化生产过程。西门子的智能制造转型实施步骤如下。

云基础设施建设：西门子首先对其全球的制造工厂进行了数字化评估，确立了将 MindSphere 作为其数据处理和分析的核心平台。在多个关键工厂安装了传感器和连接设备，所有设备数据实时上传到 MindSphere 云平台。

数据整合与分析：使用 MindSphere 的数据分析工具，西门子工程师能够监控整个生产线的操作情况，实时获得关键性能指标（KPI）。利用机器学习算法分析设备数据，预测设备可能出现的故障，从而实施预防性维护。

优化生产流程：通过分析生产数据，西门子在 MindSphere 平台上调整和优化了生产流程，例如改进物料流转路径、调整生产节拍。利用 Mind-Sphere 的仿真功能，测试不同生产配置下的效率和成本，实现最优资源配置（见下图）。

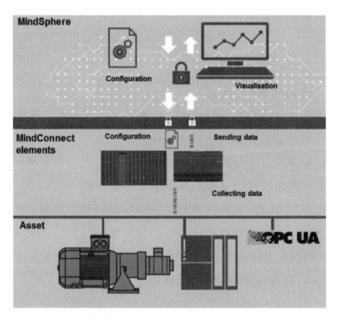

图　西门子 MindSphere 平台架构

资料来源：MindSphere 手册［EB/OL］．西门子官网，https：//www.siemens.com/cn/zh/prod-ucts/software/mindsphere/download.html.

2. 华为推出的 OceanConnectIoT 平台

一汽，作为中国领先的汽车制造商，面对庞大的车辆管理需求和日益复杂的车联网技术挑战，选择与华为合作，利用华为推出的 OceanConnectIoT 平台，实现了对千万级车辆的有效管理，并能并发处理百万车辆的信息。这一成就是通过平台的高度可扩展性、强大的数据处理能力和丰富的应用使能支持完成的。

一汽的实施策略基于 OceanConnectIoT 平台的强大技术架构，该架构分为垂直和水平两个方向，具体包括：

（1）垂直方向构建。

连接管理层：这一层处理车辆调制解调器（SIM 卡）的生命周期管理，实现计费、统计功能，并提供企业门户网站或者管理平台（portal），确保车辆的网络连接稳定且成本可控。

设备管理层：负责车辆的实时连接状态监控，进行数据采集与存储，确保数据的完整性和实时性。

应用使能层：提供开放的 API 能力，支持高级数据分析、规则引擎和业务编排，为一汽车联网应用开发提供支持。

（2）水平方向功能。

边缘计算：通过分布式 IoTagent 连接智能设备网关，实现边缘计算，辅助云端进行大数据分析，增强数据处理效率。

车辆连接与管理：通过设备管理层的功能，一汽能够实时监控千万级车辆的工作状态，包括位置、速度、燃油量等关键指标。

数据处理：应用使能层的高级数据分析和规则引擎帮助一汽从海量数据中提取有价值的信息，及时响应可能的异常情况。

业务应用开发：170 余个开放 API 和丰富的业务编排能力使得一汽可以快速开发符合市场需求的新服务和功能，如远程车辆诊断、智能路由导航等。

一汽利用 OceanConnectIoT 平台的设备管理功能，建立了一个全覆盖的车辆数据监控系统。系统能够处理并存储来自千万级车辆的实时数据，并通过连接管理层的高效网络管理，确保数据传输的可靠性和安全性。在高峰时段，一汽的车联网系统需要处理来自百万车辆的数据请求和命令。利用华为 OceanConnectIoT 平台的边缘计算和云计算协同，一汽能够实现高效的数据处理。这不仅减轻了服务器的压力，也提高了系统的响应速度和稳定性。

资料来源：华为 OceanConnect IoT 云服务产业白皮书（2018 版）［EB/OL］. 华为官网，https：//e. huawei. com/cn/material/communication/d170a9c3c97c4f52a22f7ab118bacf9f.

+·+

6.4.3　共享制造

共享制造是制造业领域内一种革新的生产模式，它汲取了"共享经济"概念的精髓，应用于制造行业。这种模式的核心在于共享那些通常处于闲置状态的制造资源，包括机器、设备、工厂空间乃至人力资源。通过这种方式，各种规模的企业或个人都能根据需要访问和利用这些资源，目的是提高资源利用效率，降低生产成本，同时增加生产过程的灵活性和提高对市场变化的快速响应能力。

共享制造让原本可能闲置的资源得到活跃利用。企业可以将暂时不用的机器和设备出租给其他需要它们的生产者，这不仅帮助企业转变了固定资产带来的成本压力，还能创造额外的收入流。对于小型企业或刚起步的公司而言，共享制造减少了它们需要进行的高额前期投资，显著降低了进入市场的门槛。资源的共享使用还意味着维护和升级的成本可以由多个用户分担，进一步减轻了每个单独用户的负担。

共享制造极大地提高了生产的灵活性。企业能够根据实际订单需求变化迅速调整所需的资源和生产能力，无论是扩展还是缩减规模都能迅速响应。这种适应性特别适合那些经常面临市场需求波动或季节性变化的行业。通过共享资源，不同领域的制造商能够共同使用先进的设施和技术，这不仅促进了跨行业的合作，还激发了新的创意和产品开发的思路。这种跨界合作是解决复杂制造问题和创新过程中的一个重要推动力。

案例 6 - 8：共享制造平台

"5G + 智能制造" 无人化供应链共享协同平台，是对供应链全链路的信息进行管理，从管理思路、制度、趋势等方面模拟和分析数据，进行辅助决策建议。从敏捷分析到智能决策，构建企业决策大脑，打通数据分析全链路，确保数据应用高效落地。同时，控制供应链库存，优化供应链效率，创造长期价值，助力企业数字化转型。

协同平台的核心功能包括智能化设备管理、安防监控平台、园区大数据、数据分析预警推送、基础数据管理、业务运营管理等，可实现自运营系统、静态数据接入、动态数据接入。适用于园区所有系统应用、数据管理、设备管理。

协同平台项目重点实施分为四个部分：可视化控制塔、智能仓储、智能运输、智能交付。

（1）可视化控制塔对供应链全链路的信息进行管理、模拟和分析数据，进行决策建议。从敏捷分析到智能决策，构建企业决策大脑。打通数据分析全链路，确保数据应用高效落地。同时，控制供应链库存，优化供应链效率。

（2）智能仓储运用了料箱立体库、影像识别应用、无人叉车、自动贴标、智能导引车（Automated Guided Vehicle，AGV）、数字孪生、机械臂等自动化设备以及最新技术，以达到少人化、无人化作业。

（3）智能运输运用了5G网络技术、分析传感器、影像处理系统等多项最新技术，联合了车辆监控及调度系统以实现无人驾驶短途配送货物。

（4）智能交付运用了射频识别（Radio Frequency Identification，RFID）自动交互应用和自动交互可视、料架台车应用、厂内AGV搬运应用、循环包材、连廊与皮带线等设备以及最新技术。

5G的超低延时，大大提高了自动驾驶车辆和AGV无人小车的应急反应速度，分析传感器及影像处理系统的快速场景反应可进一步提高工作效率。将5G技术与自动化、数字化、网络化、智能化、可视化等技术相结合，具有较强的行业示范效益，如下图所示。

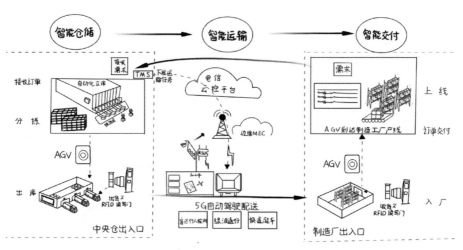

图 "5G＋智能制造"无人化供应链协同共享平台

1. 智能仓储核心设备以及最新技术运用

（1）可视化控制塔用于融合综合业务系统数据、监督设备实时动态、园区安全等多源异构数据资源，为数据分析、数据可视、辅助决策提供能力支撑与数据资源池。

（2）料箱立库应用：料箱可以堆叠方式存储，可选择单伸位/双伸位、单工位/多工位等不同类型的料箱堆垛机存储，适用于小体积、小载荷的物品，料箱式立体仓库具有操作简单、施工方便、高效率、易管理、灵活性强等特征。

（3）托盘立体库运用：托盘堆垛机立体仓库系统是以托盘为存取单元的高密度存储解决方案，堆垛机在高架立体仓库存取货品，在货架间的巷道内运行。

（4）影像识别应用：用于贴标后复检作业，复检产能从原来每人300件/小时，提升至600~900件/小时，效率预计提升100%~200%，且复检准确率达100%。

（5）无人叉车应用：满足原料上线、物料流转、成品下线、立库对接等多场景需求。托盘上下架存取，一次配置，自动搞定，多场景适用，助力降本增效。通过5G无人叉车的应用，替代人工叉车搬运，降低人工操作成本。

（6）机械臂运用：常用于码垛、分拣、组装、搬运等作业。

（7）数字孪生运用：利用"数字孪生+BIM管理平台"展现虚拟现实的三维空间，以建筑信息模型（Building Information Modeling，BIM）为载体，融合物联网的实时运行数据，将各种零碎、分散、割裂的信息数据引入物流中央仓管理功能，创造一种基于BIM的虚拟现实仓库空间与设备运维管理。同时也提供了设施、设备的三维空间位置，快速定位。直观而全面的信息记录用于库区操作的全过程管理，为统计、分析、数据挖掘、管理决策等功能创造条件。

2. 智能运输核心设备以及最新技术运用

5G无人驾驶利用5G信号传输、车载传感器感知车辆周围环境，并根据感知所获得的道路、车辆位置和障碍物信息，控制车辆的转向和速度，从而使车辆能够安全、可靠地在道路上行驶。涉及自动控制、体系结构、人工智能、视觉计算等众多技术，是计算机科学、模式识别和智能控制技术高度发展的产物。

3. 智能交付核心设备以及最新技术运用

智能交付采用了 RFID 技术，绑定物料标签与母托盘 RFID 标签，通过 RFID 管理，实现货物在库、在途各物流环节无人化作业。

同时采用了 RFID 自动交互可视技术，提高仓储信息的准确性与可靠性。高效无误地采集数据，大大提高了作业效率，降低了物流运营成本。

资料来源：飞力达："5G + 智能制造"无人化供应链共享协同平台［EB/OL］. 2022 – 11 – 10，https：//baijiahao. baidu. com/s？id = 1749089375334742471.

第 7 章

金 融 科 技

7.1 什么是金融科技

7.1.1 金融科技：金融界的"魔法棒"

金融科技英译为 fintech，是 financial technology 的缩写，可以简单理解为金融（finance）＋科技（technology），指通过利用各类科技手段创新传统金融行业所提供的产品和服务，提升效率并有效降低运营成本。

金融科技是金融领域与科技的完美结合，就像是一场金融的变革魔术。它将金融服务与最新科技融合，改变了传统金融产品和服务的形态，提高了效率，降低了运营成本。想象一下，Fintech 就像一把金融界的"魔法棒"，利用科技的力量，让我们在银行、投资和资金管理方面体验到全新的可能性。它是一种利用科技让金融世界变得更高效、更创新、更易用的艺术。

1. 传统金融的特点与局限性

传统金融系统就像一座庞大的机器，由少数大型金融机构主导。在这个系统中办理业务时，用户常常需要填写和办理烦琐的文件和手续，有时还要花费大量时间和精力来跑流程。这些手续费用高昂，就像是额外的开支，增加了用户的交易成本。此外，传统金融机构集中存储大量用户数据和资金，一旦发生系统故障或安全漏洞，可能会带来严重的风险和损失，就好比将所有鸡蛋放在一个篮子里。而且，传统金融服务往往是"一刀切"的，无法根据个体需求进行定制，缺乏个性化和灵活性。这就好比试图穿上标准尺码的衣服，有时并不能完全适合每个人的需求和喜好。

2. 金融科技的优势和创新之处

金融科技的发展就像是一场金融界的革命，它通过引入新的技术和商业模式，彻底改变了传统金融的面貌。首先，金融科技摒弃了传统烦琐的手续和文件，就像是用快捷通道取代了曲折道路，用户办理业务更加轻松便捷，节省了大量时间和精力。其次，金融科技引入了自动化和智能化的服务模式，就像是给金融系统植入了高效的大脑，大大提升了金融服务的效率和准确度，实现了快速的交易和结算，让用户体验到前所未有的便利。最重要的是，金融科技推出了一系列创新的金融产品和服务，如移动支付、数字货币等，这些产品就像是丰富多彩的糖果，满足了不同用户的口味和需求，打破了传统金融的"一刀切"模式，为用户提供了更个性化、灵活的选择。

7.1.2　区块链技术：数字世界的信任之链

区块链是一个共享的、不可篡改的账本，旨在促进业务网络中的交易记录和资产跟踪流程。资产可以是有形的（如房屋、汽车、现金、土地），也可以是无形的（如知识产权、专利、版权、品牌）。几乎任何有价值的东西都可以在区块链网络上跟踪和交易，从而降低各方面的风险和成本。

区块链就像一本透明的全球账簿，记录着业务网络中的每一笔交易和资产流动，而且无法被篡改。可以把区块链想象成一个大家共同参与管理的数字账本，可以追踪和交易几乎任何有价值的东西，无论是房屋、汽车、现金、土地等有形资产，还是知识产权、专利、版权、品牌等无形资产。这个数字账本的特性让交易更加安全、透明，降低了各方面的风险和成本（见图7-1）。

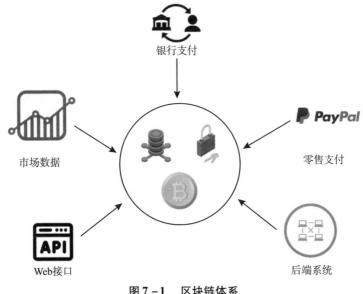

图7-1 区块链体系

7.1.3 数字货币：货币的未来之声

数字货币（Digital Currency，DC），是电子货币形式的替代货币。数字货币可以认为是一种基于节点网络和数字加密算法的虚拟货币。数字货币的核心特征主要体现在三个方面：（1）由于来自某些开放的算法，数字货币没有发行主体，因此没有任何人或机构能够控制它的发行；（2）由于算法解的数量确定，所以数字货币的总量固定，这从根本上消除了虚拟货币滥发导致通货膨胀的可能；（3）由于交易过程需要网络中的各个节点的认可，因此数字货币的交易过程足够安全。

数字货币就像是藏在数字世界里的一座神秘宝藏。这座宝藏被特殊的数字密码锁住，只有知道密码的人才能进入并触碰里面的财富。这个数字宝藏有三个神奇的特点：

首先，它没有一个中心控制者，就像宝藏没有一个独立的守护者。数字货币的发行和管理依赖于一种开放的算法，没有任何人或机构能够独自控制它的发行量。其次，数字货币的数量是固定的，由特定的算法设定。这意味着宝藏里的财富总量是有限的，因此不会导致货币贬值或通货膨胀。最后，数字货币的交易过程非常安全可靠。每一笔交易都需要得到网络中多个节点的认可和确认，就像需要多个人同意才能打开宝藏一样，确保了交易的真实性和安全性。因此，数字货币就像是一座藏有无限可能性的数字宝藏，通过特殊的数字密码和网络认可，让我们在金融世界中体验到全新的安全和便利。

7.2 智能化革新：让金融服务触手可及

7.2.1 智能客服和虚拟助手

金融科技通过智能客服和虚拟助手，使客户能够通过智能语音或文字交互完成日常银行业务，如查询余额、转账、申请贷款等，提升了客户服务效率和便利性。

在现代金融世界中，智能客服和虚拟助手充当着个人金融管家，可全天候提供服务，无须排队或等待，通过智能语音或文字交流，人们可以完成日常的银行业务，如查询余额、转账或申请贷款，极大地提升了客户服务效率和便利性。

顾客可以随时通过手机或智能设备与虚拟助手交流，查询账户余额或进行转账操作，一切变得如此简单和快捷。而且，当需要申请贷款或了解贷款产品时，虚拟助手也能够提供相关信息并引导顾客完成申请流程。智能客服和虚拟助手的应用使得日常银行业务变得更加便捷和高效。

7.2.2 移动支付与在线银行

移动支付和在线银行应用使得客户可以随时随地进行支付和管理银行账户，例如通过手机扫码支付、使用移动应用转账或理财，极大地提高了金融服务的便捷性和可及性。

忘记带钱包？没关系！随着移动支付和在线银行应用的普及，支付已经变得如此便捷。无论身处何地，只需拿出手机，扫描商店提供的二维码，即可轻松完成支付。这种简单的操作让购物体验变得更加流畅和高效，消费者再也不必担心是否携带现金或银行卡。

同时，在线银行应用也为人们提供了随时随地管理银行账户的便利。顾客可以在任何时间，无论是白天还是夜晚，通过应用程序转账、查看账户余额或进行理财操作。这种灵活性和便捷性让人们不再受限于银行的营业时间或地点，可完全掌控自己的财务。

通过移动支付和在线银行应用，不仅提高了消费者的生活质量，还为金融服务注入了更多便利和智能化。现代科技让我们能够更轻松地管理金融事务，让烦琐的支付和银行业务变得如此简单而直观。

7.2.3　智能贷款和信用评估

金融科技应用智能化算法和大数据分析，实现快速、准确的贷款审批和信用评估，让借款人能更便利地获取个性化的贷款产品，同时降低了信用风险。

现如今，申请贷款变得轻松便捷。借助智能化算法和大数据分析，金融科技能在短时间内准确评估顾客的信用状况，为其量身定制个性化的贷款产品。举例来说，当你需要购买一辆新车或装修房屋时，可能需要贷款支付部分费用。传统的贷款申请流程烦琐，需填写大量文件并经历漫长的审批过程。而今，通过智能化贷款平台，你只需用手机或电脑填写几项基本信息，如个人收入和工作情况等，智能化算法和大数据分析系统便会迅速分析你的信用状况，推荐最合适的贷款产品。在申请过程中，你可通过应用程序实时跟踪贷款进度，了解审批状态和所需材料，免去烦琐的人工沟通和等待时间。这种智能化流程不仅节省时间和精力，还大幅降低了贷款风险，让借款变得更加简单便捷。

7.2.4　区块链技术应用于资产交易

区块链技术改变了资产交易的方式，使得资产交易更加透明、安全、快速。例如，房地产交易和股权转让可以通过区块链记录，实现去中心化的交易和资产管理。

假如你正在考虑购买一套房产。通过区块链技术，房地产交易变得更加透明和高效。房屋所有权和交易记录被安全地存储在区块链上，确保信息的真实性和不可篡改性。你可以通过区块链网络轻松查看房产的历史交易记录和所有权证明，消除了传统交易中可能存在的不透明和纠纷风险。同样地，股权转让也可以利用区块链技术进行。股权交易通过区块链智能合约执行，无须第三方介入，交易过程更加快速和安全。股东可以直接在区块链网络上完成股权转让，实现资产的点对点交易，大大简化了交易流程并降低了交易成本。

7.2.5　智能投资和理财

利用人工智能和机器学习技术，金融科技开发智能投资工具和理财平台，根据客户的风险偏好和目标制定个性化的投资方案，提升了投资效益和风险控制能力。

如果你希望投资股票或基金，但又担心市场波动和风险，通过智能投资和理财平台，可以获得定制化的投资建议和方案。系统会根据你的风险偏好、资金实力和投资目标，运用先进的算法分析市场数据，推荐最合适的投资组合和资产配置方案。这种个性化的服务让投资变得更加智能和精准，提高了投资收益和投资者的风险控制能力。

此外，智能投资平台还可以实时监测投资组合的表现，并根据市场变化进行调整和优化。例如，在市场出现剧烈波动或新的投资机会出现时，系统会及时调整投资组合，最大限度地保护投资者的资产和利益。这种智能化的投资理念不仅提高了投资效率，还为投资者提供了更加便捷和安全的投资体验。

各种金融服务场景如图 7-2 所示。

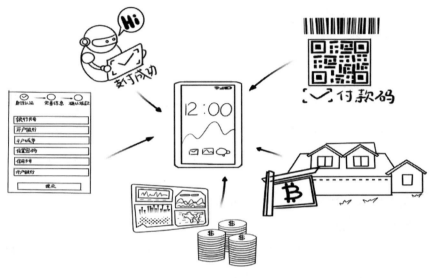

图 7-2 金融服务场景

7.3 区块链+供应链金融

7.3.1 供应链金融的困与解

在全球贸易和供应链日益复杂的今天，供应链金融作为连接供应链上下游企业的桥梁，发挥着举足轻重的作用。然而，传统的供应链金融融资模式在实际运作中暴露出了一系列问题，这些问题在一定程度上制约供应链金融的发展。

信息不对称：在传统供应链金融中，由于信息流通不畅，供应链各方很难实时获取准确、全面的信息。这种信息不对称不仅增加了融资的风险，还可能导致供应链中的"牛鞭效应"，即微小的需求波动在供应链中被逐级放大，最终对整体供应链造成巨大冲击。

信任缺失：由于供应链中涉及多个参与方，这些参与方之间往往缺乏直接的信任关系。这种信任缺失导致融资过程变得复杂，需要借助第三方机构进行担保和中介，增加了融资的复杂性和成本。

融资效率低：传统融资过程通常依赖于烦琐的中介和担保程序，这些程序不仅耗时耗力，还可能导致资金流转不畅。在快速变化的市场环境中，这种低效率的融资方式可能无法满足供应链各方的需求。

风险难以控制：由于信息不透明和信任缺失，传统融资模式中风险难以有效控制。供应链中的任何一个环节出现问题都可能对整个供应链造成连锁反应，给供应链各方带来潜在威胁。

而区块链技术的引入，为供应链金融带来了革新性的解决方案，显著提升了其融资效率和安全性。

信息透明共享：区块链技术通过分布式账本实现了信息的实时共享和透明。供应链中的各方可以实时查看交易记录和状态，确保信息的准确性和完整性。这种信息透明共享有助于降低信息不对称风险，增强供应链各方的信任度。

去中心化信任：区块链的去中心化特性使得供应链中的各方无须依赖中心化的信任机构。通过共识机制，各方可以共同维护一个可信的账本，实现去中心化的信任。这种信任机制降低了信任成本，提高了融资效率。

智能合约自动化：智能合约是一种自动执行的合约，可以根据预设条件自动完成交易。在区块链＋供应链金融中，智能合约可以自动化融资流程，减少人为干预和错误。同时，智能合约还可以实现资金的自动分配和结算，提高融资的效率和准确性。

风险控制强化：区块链技术通过实时追踪和记录交易信息，增强了风险的可控性。供应链中的各方可以实时查看交易状态和资金流动情况，及时发现潜在风险并采取相应措施。此外，区块链技术还可以实现供应链的追溯和审计功能，确保供应链的合规性和安全性。

区块链＋供应链金融在解决传统融资问题方面具有显著优势，为供应链金融的发展带来了新的机遇和挑战。随着技术的不断进步和市场的逐渐成熟,我们有理由相信区块链将在供应链金融领域发挥更加重要的作用。

7.3.2　区块链在供应链金融中的应用场景

区块链技术为供应链金融带来了全新的变革,其去中心化、透明、不可篡改的特性使得融资过程更加高效、安全。以下是区块链在供应链金融中的几种具体应用场景。

1. 应收账款融资

应收账款融资是供应链金融中常见的融资方式。在上游企业向下游企业销售商品或服务后会形成一笔应收账款,但由于账期较长,上游企业可能面临资金短缺的问题。此时,上游企业可以将应收账款作为抵押物,向金融机构申请融资。

区块链技术使得应收账款融资更加便捷、透明。企业可以将应收账款的信息(如金额、期限、债务人等)记录在区块链上,形成一个不可篡改的数字账本。金融机构可以通过访问区块链平台,实时查看应收账款的详细信息,并进行风险评估和审批决策。这种方式不仅提高了融资效率,还降低了信息不对称的风险。

2. 仓单融资

仓单融资是指企业以其拥有的存货为抵押物,向金融机构申请融资。在传统的仓单融资中,金融机构需要对存货进行实地考察和评估,以确保存货的真实性和价值。但这种方式操作烦琐、成本高,且存在信息不透明的问题。

区块链技术通过智能合约和物联网技术,实现了仓单融资的自动化和智能化。企业可以将存货的信息(如数量、品质、存储位置等)实时上传到区块链平台,并借助物联网设备对存货进行实时监控。金融机构可以通过区块链平台实时查看存货的实时状态,并根据预设的智能合约规则进行融资审批和放款。这种方式不仅降低了融资成本还提高了融资效率。

3. 订单融资

订单融资是基于供应链中的订单信息进行融资的一种方式。当下游企业向上游企业发出订单后，上游企业可以根据订单信息向金融机构申请融资，以支持订单的生产或采购。

区块链技术使得订单融资更加透明和可靠。供应链中的各方可以将订单信息记录在区块链上，形成一个共享的数字账本。金融机构可以通过访问区块链平台，实时查看订单的详细信息（如订单金额、交货期限、付款条件等），并进行风险评估和审批决策。此外，区块链技术还可以确保订单信息的真实性和不可篡改性，降低了融资风险。

4. 预付款融资

预付款融资是指下游企业在收到货物之前向上游企业支付部分或全部货款的一种融资方式。这种方式有助于上游企业提前获得资金以支持生产或采购活动。

区块链技术可以通过智能合约实现预付款融资的自动化和可追溯性。供应链中的各方可以将预付款的信息（如金额、支付时间、支付条件等）记录在区块链上，并通过智能合约自动执行相关操作（如支付确认、发货通知等）。这种方式不仅提高了融资效率，还降低了人为操作的风险。

总之，区块链技术为供应链金融提供了多种创新性的融资方式，使得融资过程更加便捷、透明和可靠。随着技术的不断发展和完善，相信区块链将在供应链金融领域发挥更加重要的作用。

7.3.3 腾讯云的应收账款流转解决方案

在当前的商业环境中，许多中小企业因缺乏足够的资金支持而面临发展困境。为了缓解这一问题，腾讯云提出了一种创新的应收账款流转解决方案，该方案通过区块链技术实现核心企业应付账款债权的多级流转和拆分，为大量原本无法融资的中小企业提供了宝贵的融资机会。

1. 方案核心优势

资产记录真实可信：腾讯云利用区块链技术打通了供应链中的各方企业和金融机构，确保了资产的上链、流通、拆分和兑付过程完整且真实。每一笔交易都被记录在区块链上，确保了底层资产的真实性和可信度。

债权交易透明：基于区块链的数据多方记录确权特性，交易信息难以篡改、可追溯。这使得应收账款的拆分转让过程完全透明，且能够追溯至登记上链的初始资产，从而降低了交易风险。

实现信用传递：通过对供应商（中小企业）应收账款债权凭证的校验和确权，腾讯云确认了贸易关系的真实有效性，实现了核心企业对链条上多级供应商的信用穿透。这使得核心企业的信用能够触达更多层级的供应商，提高了整个供应链的融资效率。

降低融资成本：腾讯云与多家金融机构紧密合作，通过优化资金配置，支持小微企业基于供应链进行融资。这不仅降低了融资成本，还深度盘活了金融资源，为中小企业提供了更广阔的融资渠道。

2. 多级流转机制

通过区块链应收账款多级流转的解决方案，腾讯云实现了核心企业信用的有效传递。在这种模式下，核心企业的信用能够触达更多层级的供应商，将产业链条上的各级应收账款调动起来。这些资产可以进行灵活的拆分和转移，使得整个商业体系中的信用变得可传导、可追溯。这种模式极大地提高了实体经济的流动性，缓解了三角债困局，降低了中小企业的资金成本（见图 7-3）。

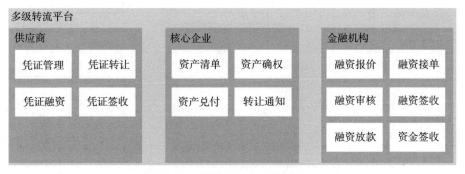

图 7-3　腾讯云的多级转流平台

资料来源：腾讯云官网，https：//cloud. tencent. com/solution/tb-accountsreceivableflow.

3. 方案价值优势

全流程线上化,操作简便快捷,有效降低了操作风险。

内置规则引擎,支持业务流程的灵活配置,满足不同企业的个性化需求。

支持直接、反向资产证券化（Asset - Backed Securities，ABS）等多种市场主流交易结构,满足不同金融机构的投资需求。

核心企业信用穿透,实现债权持有期间的流转、贴现和到期兑付,提高了资金的使用效率。

7.3.4　产业链价值连接者——壹诺供应链

壹诺供应链创新性地融合了区块链技术与供应链金融,旨在释放和传递核心企业信用,同时解决信息不对称、信任成本高昂及资金流转风险等问题。通过将企业"资产"转化为一种可拆分、可流转、可持有到期、可融资的区块链记账凭证,为供应链中的各方带来了前所未有的便利和价值（见图 7 - 4）。

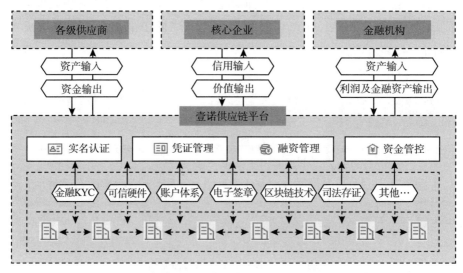

图 7 - 4　壹诺供应链的区块链 + 供应链金融解决方案

资料来源：壹诺供应链官网，https：//www.yinuojr.cn/product.html.

1. 方案优势

盘活企业资产，挖掘客户资源：将企业应收账款转化为区块链上的可信电子结算和融资工具，不仅扩大了服务范围，从一级供应商延伸至 N 级供应商，还为企业带来了更多的客户资源。

改善融资环境，降低融资成本：通过区块链技术，核心企业的信任能够高效传递到多级供应商，有效解决了中小企业融资难、融资贵的问题，促进了产业链生态圈的健康发展。

穿透式底层资产，降低风控成本：区块链的多中心网络信任结构及其可追溯特性确保了数据资产的完整性和可验证性，规避了数据篡改的风险，从而降低了风控成本。

智能合约，规避履约风险：提供了多种业务场景的合约模板，通过智能合约固化执行路径，减少了人为干预，有效避免了业务流程中的违约风险。

2. 能力输出

壹诺供应链的区块链＋供应链金融解决方案实现了全方位的优化。通过身份认证将用户数据映射至区块链账户，确保了交易的安全性；利用中国金融认证中心（China Financial Certification Authority，CFCA）实名电签章技术，提供了法律效力的电子合同，实现了合同管理的便捷高效。同时，提供了可信任的区块链记账凭证服务，支持资产的签发、流转、融资，并保障关键数据的安全。在线融资服务快速响应中小企业融资需求，而资金安全则通过与银行系统对接，实现账户及资金的严格管理。此外，壹诺供应链还构建了灵活的账户体系，结合区块链账户和银行托管模式，为企业提供内部账户构建能力。流程引擎支持业务流程的差异化配置，满足企业多样化的管理需求。最后，通过数据保全，生成各环节的可信电子凭证，为各方提供法律上的权益保障。

7.4　金融科技监管与合规

7.4.1　金融科技与监管挑战

金融科技是一场前所未有的变革，如同一座不断崛起的高楼大厦，塑造着金融行业的未来。这座大厦充斥着各种先进的科技设备和创新工具，比如智能合约和区块链技术，它们如同大楼的结构和支撑，为金融领域带来了新的可能和挑战。

在这座科技大厦里，传统的监管模式面临着前所未有的压力和挑战。监管机构就像是维护这座大厦安全的建筑师和工程师，需要时刻关注和调整自己的策略，确保金融科技的发展不会损害金融体系的稳定和安全。比如，智能合约和区块链技术的出现让传统的监管模式显得有些力不从心，监管机构需要迅速升级自己的工具和方法，以确保这些新技术能够在合法合规的框架内发挥作用。

金融科技的快速发展就像是一辆飞驰的赛车，监管机构需要在高速行驶的赛道上灵活应对，确保不会出现意外或失控。这就要求监管机构像是对赛车进行升级改装的技师，不断优化自己的工具和技能，以适应金融科技带来的新挑战和变化。

因此，金融科技的监管挑战是一场不断迭代和升级的过程，监管机构需要通过创新和合作，保障金融科技的健康发展，同时维护金融体系的稳定和安全。

7.4.2　数据隐私与保护

在金融科技的舞台上，用户的个人数据就如同一本精彩的日记，记录着人们的喜怒哀乐，是金融科技公司了解人们喜好和风险的重要依据。然而，这些数据的保护也变得至关重要，就像将日记放置在一个坚固的保险箱中，只有我们自己拥有打开的钥匙。

随着金融科技的迅速发展，用户的个人数据正成为金融公司和科技企业竞相争夺的宝贵资源。这些数据包括个人身份信息、消费行为、偏好习惯等，具有极高的商业价值。金融科技公司希望通过分析这些数据，为用户提供更加个性化和精准的金融服务，但同时也带来了数据隐私和安全上的挑战。

数据隐私问题就像是一把锁，需要金融科技公司和监管机构共同努力来保护用户的隐私权。金融科技公司需要提供严格的数据保护措施，确保用户数据的安全和隐私不受侵犯。这包括加密技术、访问控制、数据匿名化等手段，以防止数据泄露和滥用。监管机构则扮演着保护者的角色，制定并执行相关的数据保护法规和政策，监督金融科技公司的数据使用行为，确保其合法合规。他们就像是护卫者，时刻守护着用户数据的安全和隐私。

7.4.3　跨境合规和监管协调

金融科技的跨境特性就像一场全球演出，不同国家的监管机构需要像音乐家一样合奏，协调制定规则，确保演出顺利进行。比如，一家美国公司在中国开展业务，就需要遵守中国的规定，这就需要监管机构之间的跨国合作和信息共享，才能维护金融市场的稳定和安全。金融科技的发展使得跨境业务更加便捷，但也带来了监管上的挑战。不同国家和地区的金融监管法规与标准可能存在差异，因此跨境金融科技公司需要遵守多重监管要求。监管机构需要加强国际合作和信息共享，以确保全球金融体系的稳定和安全。

监管机构之间的跨境合作就像是国际的外交交流，需要建立有效的沟通渠道和合作机制。只有通过国际合作，才能应对跨境金融犯罪、数据安全和市场风险等全球性挑战。为了解决跨境合规和监管协调的问题，国际金融组织和监管机构应积极推动建立统一的国际监管标准和框架，促进全球金融市场的互联互通和合作。比如，制定全球统一的数据隐私保护准则，加强对跨境数据流动的监管和管理。

此外，金融科技行业也在积极探索跨境监管的创新方法。例如，使用区块链技术和智能合约来实现跨境支付和结算，提高交易透明度和合规性。

7.4.4　技术创新与监管沙盒

监管沙盒就像是一个允许新秀尝试新技能的训练场，提供了一个受控的环境，让金融科技企业可以在其中像驾驶学校一样学习，不断调整自己的驾驶技术。在这个模式下，监管机构扮演着教练的角色，指导和监督企业的实践，确保创新的推动与风险的管控相平衡。这种创新的监管模式旨在帮助金融科技企业在受控环境中成长和发展。

监管沙盒是金融科技监管的一种创新模式，旨在促进技术创新和合规发展的平衡。企业可以在沙盒中测试新的商业模式、产品和服务，同时监管机构也能够及时识别和处理潜在的风险。在监管沙盒中，金融科技企业可以像试驾新车一样，尝试创新技术和业务模式，了解其对金融市场的影响和潜在风险。监管机构负责设定监管条件和限制，确保试验过程的安全性和合规性。

监管沙盒的设立有助于降低金融科技创新的进入门槛，促进创新生态的繁荣发展。企业可以通过在监管沙盒中的实践积累经验，建立信誉和声誉，为未来的商业发展打下基础。这种模式允许企业在受控的环境中进行创新实践，同时监管机构可以获得更多关于新技术和业务模式的了解，从而提高监管的有效性和适应性。

案例 7 - 1：蚂蚁集团"双链通"平台

蚂蚁集团推出的"双链通"平台是一项基于区块链技术的小微企业供应链金融服务平台。这个平台于 2018 年 10 月上线，旨在解决传统供应链金融中存在的信息不对称和小微企业融资难题。下面对这个案例进行归纳和展开，从几个方面进行介绍。

1. 背景介绍

蚂蚁集团"双链通"平台是在中国互联网金融领域开创的一项创新。在传统供应链金融中，小微企业往往由于信用难以评估和信息不对称，难以获得贷款支持。该平台借助区块链技术，以核心企业的应付账款为依托，实现了信用在区块链上的逐级可信流转，从而为供应链上下游的小微企业提供了平等高效的普惠金融服务。

2. 解决的问题

传统供应链金融中存在的问题包括信用评估困难、信息不对称、融资成本高等。通过"双链通"平台，核心企业、供应商、经销商等各类参与主体全部上链，融资流转过程变得清晰留痕、不可篡改，保障了贸易背景的真实性，增加了小微企业财务信息的可信度，有效助力解决了小微企业融资难、融资贵、融资慢等问题（见下图）。

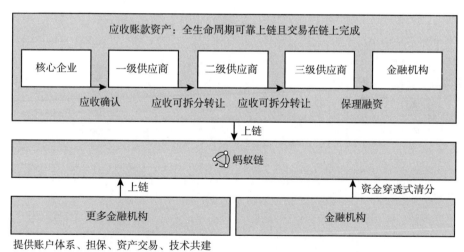

图 蚂蚁集团的应收账款供应链金融服务平台

3. 技术创新

"双链通"平台利用区块链技术实现了供应链金融的上下游全链路覆盖。通过将核心企业、供应商、经销商等各类参与主体都纳入区块链网络，实现了信息流、资金流、物流、商流的多流合一。同时，采用电子合同、应收应付账款电子凭证、电子发票等数据上链存证和可信流转，有效减少了金融机构与企业之间、增信机构与企业之间的信息不对称，提升了供应链金融服务质效。

4. 效果与影响

蚂蚁集团"双链通"平台的推出，有效赋能了小微企业融资，提高了整个供应链的运作效率和透明度。通过区块链技术的应用，该平台改变了传统供应链金融的运作模式，为小微企业提供了更加便捷、低成本的融资渠道，促进了经济循环流转和产业关联畅通。

资料来源：蚂蚁链 BaaS 平台，https：//antdigital. com/products/baas.

第 8 章

地下管网——城市生命线

8.1 什么是地下管网

在探索一座城市的奥秘时，我们往往会被那些高耸入云的摩天大楼、熙熙攘攘的街道以及快速发展的交通网络所吸引。然而，在这些显眼的城市特征之下，隐藏着一个至关重要但却鲜为人知的世界——地下管网。

地下管网指城市范围内供水、排水、燃气、热力、电力、通信、广播电视、工业等管线及其附属设施，是保障城市运行的重要基础设施和"生命线"。截至 2022 年底，全国城市的供水管道长度达 110.30 万千米，排水管道长度 91.35 万千米，天然气管道长度 98.04 万千米，供热管道长度 49.34 万千米。[①] 这个错综复杂的网络系统，就像城市的血脉一样，默默支撑着城市的每一次"呼吸和跳动"（见图 8-1）。

然而，尽管地下管网的重要性不言而喻，它们的存在却常常被忽视。直到发生管道破裂、供水中断或其他相关问题时，我们才会意识到城市的"生命线"有多么重要。因此，提高公众对地下管网重要性的认识，不仅是提升城市管理质量的需要，也是构建智慧城市的基础。

---

① 2022 年城乡建设统计年鉴 [EB/OL]. 2023-10-13，https：//www.mohurd.gov.cn/gongkai/fdzdgknr/sjfb/tjxx/jstjnj/index.html.

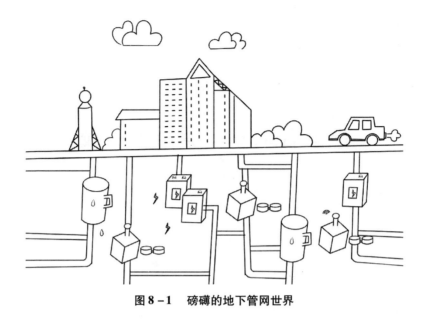

图 8-1　磅礴的地下管网世界

　　本章中，我们将探讨地下管网在智慧城市中的角色，以及新兴技术如何革新这一古老系统。从物联网到数字孪生再到智能机器人，这些技术的应用不仅能提高地下管网的效率和安全性，还能帮助我们更好地理解和管理这个城市的生命线。通过这些技术的力量，我们可以预见一个更加可持续和弹性的智慧城市。

8.2　地下管网的重要性

8.2.1　地下管网：我们的生活支持系统

　　地下管网是城市的"隐秘之脉"，将水、气、电、通信等资源传输到每一个角落。让我们深入探索这个隐藏在地下的世界，感受它的"呼吸与脉搏"。

　　1. 供水系统：润泽城市的血液

　　城市的供水系统就如同城市的血液循环系统一样，负责向每一个角落输送清洁的水源。地下的供水管道网络将水源从水处理厂输送到居民、工业和商业区域，为人们的日常生活和生产活动提供所需的水资源。供水系统的有效运行不仅满足了人们的基本生活需求，还促进了城市的经济发展和社会进步。

地下供水系统还支持着工业、农业和商业活动。它们为工厂提供原材料，为农田灌溉，为餐馆提供烹饪用水。这些看似平凡的管道，实际上是城市繁荣的基石（见图 8 - 2）。

图 8 - 2　供水系统——润泽城市的"血液"

2. 排水系统：城市的清道夫

排水系统是城市环境卫生的重要保障，类似于城市的清道夫，负责清理城市中产生的污水和雨水，防止水体污染和内涝现象的发生。地下排水管道网络将污水和雨水从各个区域引导至污水处理厂或水体中，经过处理后安全排放，确保城市的环境卫生和居民的健康。在暴雨来临时，排水系统能够防止城市被洪水淹没，保护我们的城市。排水系统的有效运行不仅能减少水污染，还能防止疾病的传播，维护公共卫生。

3. 供气系统：城市的暖流

供气系统在人们的生活中扮演着至关重要的角色，特别是在冬季寒冷的气候条件下。地下供气管道网络将天然气输送到各个家庭、各办公场所等，使人们可以实现取暖、烹饪等。供气系统的有效运行不仅保障了居民的基本生活需求，还支持了城市的工业生产和商业活动。

4. 其他设施：城市的神经网络

除了供水、排水和供气系统外，地下管网还包括诸如通信、电力、热力等设施，构成了城市的"神经网络"。这些设施通过地下管道网络进行输送，为城市的信息通信、电力供应等提供支持。这些基础设施的有效运行不仅促进了城市的信息化和智能化发展，还提升了居民的生活品质和工作效率（见图8-3）。

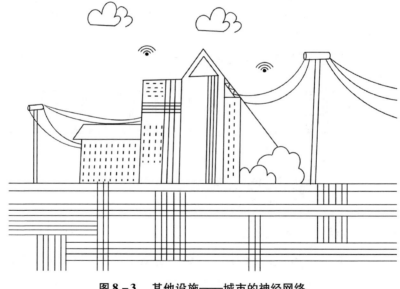

图8-3   其他设施——城市的神经网络

8.2.2   地下管网：环境保护的守护者

（1）污水处理：地下排水管道系统将城市居民生活污水、工业废水等排放到污水处理厂进行处理，从而避免了污水直接排入自然水体，减少了水体污染，维护了生态环境的健康。

（2）维护空气质量：燃气管道、通风管道等在城市中负责输送清洁能源和维护建筑物通风换气，有效降低了空气污染的程度。通过管网监控系统，可以及时检测管道泄漏和污染物排放情况，减少了有害气体对环境和居民健康的影响。

（3）废物处理：地下垃圾管道系统通过输送垃圾到处理厂或者填埋场，有效解决了城市垃圾处理的问题，降低了环境污染和臭气扩散对居民健康的影响。

（4）污水回收利用：部分地下管网系统还可以将经过处理的污水进行回收利用，用于灌溉、工业生产、环境绿化等方面，实现了资源的再利用和节约，促进了可持续发展。

8.3　地下管网当前的问题

近年来，随着我国城市化进程的不断加速，城市人口密度持续上升，这导致城市用水用气需求呈现逐年增长的趋势。然而，与城市发展需求相比，我国城市地下管网的管理水平相对滞后。这种滞后有多种原因，包括技术设备更新不及时、管网老化、管理体系不完善等。由于管网管理滞后，城市地下管道经常出现漏水、爆管等安全问题，给城市和市民的生活、财产安全带来了较大隐患。因此，迫切需要加强城市地下管网的管理和维护，以确保城市基础设施的安全稳定运行，提升城市居民的生活品质和安全感。

8.3.1　管网数据——遗失了几页的日记

在城市的发展初期，地下管网管理就像是一场没有准确地图的探险。想象一下，当初的城市建设者们像是探险家，踏上了一段未知的旅程，开始挖掘地下世界。但由于当时技术条件有限，他们并没有完整记录地下管网的情况，就像是没有制作好地图，让我们难以了解管道的材质、使用年限和运行状态等关键信息。

另外，由于缺乏统一规划和管理，地下管网的建设是由各个部门分头进行的，导致了信息的碎片化和混乱。这让我们就像是探险者在未知的地下世界中迷失了方向，无法全面掌握城市地下管网的全貌。

随着城市的发展和改造，地下管线破损事故时有发生，就像是探险中常常会遭遇到的险境一样。据统计，2021 年全国地下管线事故中，管线破坏事故数量占比高达 78.64%，这是一个相当令人震惊的数字。[①]

如果我们没有足够的档案资料来了解这个地下世界，就像是探险者没有地图一样，我们就无法有效地管理和维护地下管网，也就无法保障城市的安全运行。然而，如今全国仍有大约一半的城市没有完善的地下管线档案资料，这意味着仍然有许多地方需要改进。

8.3.2　地下管线——老旧的计算机

城市的地下管网就像是城市的血脉，将燃气、自来水和暖气等必需的资源输送到居民家中。然而，很多这样的管网都建立在 20 世纪末，已经有 30 多年的历史了，有些甚至超过了它们的"使用期限"，就像是一台老旧的计算机，虽然有时候能正常使用，但是经常会出一些小问题。

那时候的技术条件还不够完善，地下管网的信息化建设进展缓慢，缺少必要的技术防范措施。特别是在老旧的街区，一些管道可能已经年久失修，日常检查和维护也不够及时。这样一来，一些意外事故就时有发生，比如管道爆裂、路面下陷等，给人们的生活带来了很多不便，有时候甚至会让我们措手不及。

现在，我们的城市依然依赖着这些老旧的管道，它们是我们生活的重要一环。但随着使用年限的增加，一些管道出现了腐蚀、损坏和泄漏等问题，给地下管网的安全运行埋下了隐患。

---

① 张佳宁，丁冬. 数字孪生打造城市地下智慧管网［J］. 中国电信业，2022（10）：66 - 69.

另外，地下管线属于隐蔽工程，一旦出现问题很难及时发现和处理。随着城市规模的不断扩大，管线的种类和复杂程度也在增加，导致管线管理的难度加大。一旦出现安全问题，不仅会影响人们的生活，还会给城市的发展和财产造成严重影响。因此，加强地下管网的监管和维护，是确保城市安全运行的关键所在。

8.3.3 地下管线信息化建设——迷失的小溪

地下管道的安全运行是城市管理的关键问题，就像是家庭中的水管一样，需要保持畅通无阻。近年来，随着新技术和新材料的使用，我国在地下管道的规划建设和管理方面取得了不少进步，尤其是在地下管道信息化方面。但是，地下管道信息平台的建设仍然处于初级阶段，还有很多欠缺，科技水平也需要提高。尤其是在应对紧急安全事故、做出及时反应和决策方面，还有很大的提升空间。只有加强信息共享平台的建设，提高管道事故的应急处理能力，才能像发现和治疗身体疾病一样，及时发现和解决管道问题。未来，应继续积极推进管道在线监测和控制技术的应用，实现地下管道的信息化、数字化和自动化管理。

8.4 新技术在地下管网中的应用

8.4.1 物联网——万物皆可连

8.4.1.1 智能化监管系统的构建

1. 感知层

在地下管网中，我们需要部署各种传感器，就像给管网装上了"眼睛"

和"耳朵",用来监测管道的各种情况。这些传感器可以检测到管道的水压、水质、温度等数据(见图8-4、图8-5)。这样的数据收集就像是管网的身体健康体检,让我们能够及时了解管网的运行状况。

图8-4   地下管网中的湿度传感器

资料来源:康耐德官网,https://www.konnad.com/product/temperature-and-humidity-sensor.

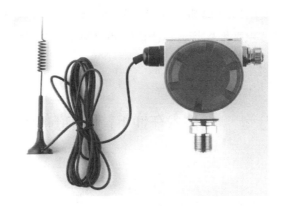

图8-5   地下管网中的压力传感器

资料来源:拓普索尔官网,http://www.topsailiot.com/yalichuanganqi/.

2. 网络层

一旦收集到了这些数据,我们需要一个方法将这些数据传输到一个安全的地方进行处理和分析。这就需要一个稳定可靠的通信网络,就像是管网的

"神经系统"，负责把收集到的信息传输到数据中心。这个过程可能会用到无线通信技术，比如我们手机上用的 Wi-Fi 或者蓝牙，也可能会用到有线通信，比如电缆。通过这个网络，我们就能够把管网的情况"汇报"给相关人员。

3. 应用层

最后，我们需要一些应用程序来处理和利用这些数据，就像是管网的"大脑"，帮助我们分析管网的情况并做出相应的决策。这些应用程序可以实时监测管网的运行状态，比如是否有漏水或者其他故障，还可以提供预警功能，及时发现问题并采取措施。同时，这些应用程序也可以帮助我们分析管网的运行情况，比如管网的水流速度、压力等数据，帮助我们更好地管理和维护管网。

8.4.1.2　GIS 技术与专业模型的集成

除了以上的感知层、网络层和应用层外，还可以利用一些技术来帮助我们更好地管理地下管网。比如，可以借助地理信息系统（GIS）技术在地图上直观地展示管道的位置和情况（见图 8-6）。另外，还有一些专业模型，比如水力模型和水质模型，可以帮助我们仿真和分析管网的运行情况，为管网的管理和维护提供更加科学的依据。

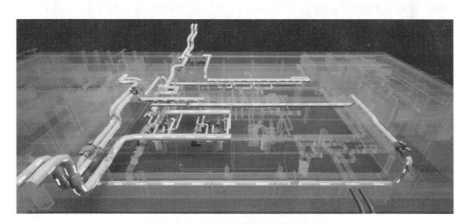

图 8-6　GIS 地下管网三维可视化

资料来源：数维图官网，https://www.sovitjs.com/demo_3d.html.

地理信息系统建设：GIS 技术就像是一张魔法地图，可以帮助我们在电脑上建立起地下管网的虚拟世界。我们可以在这张地图上标记管道的位置、管径、埋深等信息。这样一来，可以随时随地查看管道的情况。

空间数据分析与规划：利用 GIS 技术，我们还可以对管网进行各种分析。例如，我们可以分析管道的拓扑结构，就是管道之间的连接关系；我们还可以分析管道的覆盖范围，就是管道覆盖的地区有哪些。这样一来，可以更好地规划管网的建设和维护。

水力模型与水质模型：水力模型就像是一台管道模拟器，可以帮助我们仿真管道中水的流动情况。通过水力模型，我们可以了解管道中水的流速、压力、流量等数据。水质模型则是一种水质预测器，可以帮助我们预测管道中水质受到污染的程度和范围。这样一来，我们就可以更科学地管理和维护管网，保证水质安全。

8.4.1.3 管网运行状态的实时监控

在使用物联网技术进行管网监控时，管网管理人员可以通过各种智能设备，如传感器和监测器，实时地收集管线的各项运行数据。这些数据包括管道的压力、流量、温度等参数，以及管道周围的环境情况。这些数据通过互联网传输到监控中心，让管网管理人员可以随时随地通过智能设备进行监控和管理（见图 8 – 7）。

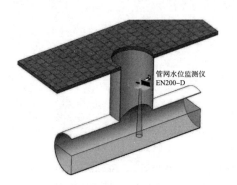

管网水位监测仪
EN200-D

图 8 – 7   管网液位监测地下管网水位监测与预警

资料来源：WITBEE 万宾官网，https：//witbee. cn/products/terminal/water＿monitoring/en200 – d1. html.

　　例如，如果某个地区的管道压力突然升高，监控系统会立即发出警报。管网管理人员可以通过监控设备的实时视频，查看管道周围的情况，快速判断是否有泄漏或其他问题，并采取相应的应对措施。这种实时监控的能力大大提高了管网的安全性和可靠性，可以更快地发现和解决问题，保障供水、供气和供电等基础设施的正常运行。

　　此外，物联网技术还可以实现对管网的全面监控。通过在地下管线和地面设施上安装传感器和监测器，可以监测管网的各个部分，包括管线的状态、泄漏情况以及周围环境的变化。这种全面监控不仅可以帮助管网管理人员及时发现问题，还可以帮助他们制定更有效的维护和管理策略，提高管网的整体运行效率。

8.4.1.4　智能预警系统的设计与部署

　　智能预警系统是一种基于数据分析和机器学习算法的智能化监控系统，可帮助管网管理人员提前预测可能发生的问题，并采取相应的预防和应对措施。

　　首先，智能预警系统通过收集和分析历史数据，建立起管网运行的基准模型；其次，系统使用实时数据不断更新模型，识别管网可能出现的异常情况，并发出预警信号。例如，当监测到管线的流量突然增加或压力异常下降时，系统会自动触发预警，提醒管网管理人员进行进一步的检查和维修。

　　智能预警系统还可以根据管网的特点和历史数据进行个性化的设置和调整，提高预警的准确性和及时性。此外，系统还可以与其他管理系统集成，实现自动化的应急响应和故障处理，进一步提高管网的安全性和稳定性。

　　总的来说，智能预警系统的设计和部署可大大提高管网管理的效率和水平，帮助管网管理人员更好地预防和应对各种可能发生的问题，保障管网的安全运行。

8.4.2　数字孪生——远程的"魔法镜子"

8.4.2.1　地下管网的建模和仿真

当我们谈到地下管网的建模和仿真时，数字孪生技术发挥了关键作用，它就像是给地下管网安上了一双透明的眼睛，让我们能够清晰地观察管网的内部结构和运行状态。

首先，我们需要收集地下管网的各种数据，包括管线的位置、材质、直径、使用年限等信息。这些数据可以通过 GIS、激光扫描等技术获取。收集到的数据就像是一张地图，展示了管网的全貌和细节。

其次，利用数字孪生技术，我们可以将这些数据输入到计算机中，构建一个真实而精准的地下管网模型。这个模型不仅包括地下管线的位置和属性，还可以模拟管线之间的连接关系、管道的流动情况、管道的受力情况等。这就好像是在计算机中建立了一个虚拟的地下世界，让我们能够对管网进行深入的研究和分析。

有了这个数字孪生模型，我们就可以进行各种仿真实验。例如，我们可以模拟不同条件下的供水压力分布情况，以及管线在不同流量下的受力情况；模拟管线的老化和损坏情况，评估管网在不同情况下的安全性和稳定性（见图 8-8）。

在仿真过程中，可以进行虚拟的实验和测试。可以尝试不同的管网维护方案和修复方法，评估每种方法的效果和成本。我们还可以模拟管线的漏水情况，然后尝试不同的检修和修复方案，以找到最优的解决方案。

8.4.2.2　管网运行状态监测和预测

数字孪生技术就像是一位神奇的预言家，它可以提前预测地下管网可能出现的问题，并及时发出警告。

我们知道，管网就像是城市的血脉，负责输送水、气、电等资源到每一个角落。但这些管线隐藏在地下，我们无法直接观察它们的运行情况。这时，数字孪生技术就发挥作用了。

图 8 – 8　地下综合管廊数字孪生平台

资料来源：君逸官网，http：//www.jysm.cn/pcssmx/251.html.

数字孪生技术通过数学模型和实时数据监测，让我们仿佛能够"看见"地下管网的运行情况。首先，它会收集各种关于管线的数据，比如管线的位置、材质、直径、使用年限等信息。这些数据就像是管网的"健康指标"，告诉我们管线的运行状态。

然后，数字孪生技术会对这些数据进行分析和比对。它会比较实时数据和预设的正常范围，如果发现数据异常，就会发出警报。比如，如果某个管线的压力突然升高，数字孪生技术就会立即发出警报，提醒相关部门进行检修。

更厉害的是，数字孪生技术还可以进行预测。它会根据历史数据和模型算法，预测未来可能发生的故障类型和位置，让我们能够提前做好准备，防患于未然（见图 8 –9）。

图 8 - 9　数字孪生可视化系统

资料来源：数字孪生可视化系统．木棉树官网，http：//www.mms3d.cn/AES/B039jcxy/#/.

　　通过数字孪生技术的监测和预测，我们可以实现管网的预测性维护。这意味着我们不再是等待问题发生后再去处理，而是在问题出现前就采取行动。这样一来，可以避免很多事故的发生，确保管网的安全稳定运行，保障城市的正常生活。

　　具体来说，数字孪生技术利用传感器等设备实时采集管网各项数据，如水流速、压力、温度等。这些数据通过网络传输到中央服务器，并经过数字孪生模型的分析。数字孪生模型会根据已有的管网数据和算法，预测管网的未来状态，并识别出潜在的问题。当模型发现异常情况时，会及时向相关人员发送警报，并提供建议的维修方案。这样，管网管理人员就能够在问题出现之前做出反应，降低事故发生的可能性，确保管网的安全运行。

　　除了实时监测外，数字孪生技术还可以结合历史数据进行分析，发现管网运行的趋势和规律。这样一来，我们就可以更好地了解管网的性能和健康状况，为未来的维护和改进提供参考依据。

8.4.2.3　管网事故应急处理和风险管理

　　数字孪生技术就像是一位智慧管家，它可以在管网出现问题时迅速作出反应,并提供有效的应急处理方案。当地下管网发生事故或故障时,数字孪生技术可以快速识别事故点位,并及时向相关部门发出警报。同时,它还可以根据事故情况提供智能化的应急处置建议,比如指导人员如何切断供应、如何疏散周围居民等。通过数字孪生技术的应用,我们可以迅速控制事态并降低损失,保障人民生命财产安全。

例如,假设某个城市的供水管道发生了漏水事故。数字孪生技术可以通过实时监测,立即识别漏水点的位置和程度,并迅速向供水部门发送警报。这样,供水部门就能够立即派遣维修人员前去修复漏水点,防止水资源的浪费和进一步的损失。

另外,如果地下天然气管道发生泄漏,数字孪生技术也能发挥重要作用。它可以通过传感器监测到异常的气体浓度,并立即确定泄漏的位置,然后向相关部门发送警报,同时提供应急处理建议,比如指导周围居民疏散,并协助应急人员切断气源管道,以防止事故进一步扩大。

此外,数字孪生技术还可以在电力管网发生故障时发挥作用。假设某个区域的电力管道出现了短路,导致停电,数字孪生技术可以立即识别故障点,并向电力部门发送警报。同时,它还可以提供智能化的应急处理建议,比如协助电力部门切断故障部位,指导居民如何安全使用临时供电设备,以确保电力供应的及时恢复。

综上所述,数字孪生技术在地下管网事故应急处理和风险管理中发挥着重要作用,通过及时的监测和智能的反应,它可以帮助我们迅速控制事态、降低损失,保障人们的生命和财产安全。

8.4.3 机器人——不会失误的多面手

8.4.3.1 管道巡检与维护

智能巡检机器人就像是一名地下专业探险家,身上装备着各种"神奇道具",如超级感知器、万能摄像头等。它们的任务就是在地下管道中像侦察兵一样,全方位地检查、监测管道的情况。

首先，这些机器人外表看起来就像小型的探索车辆，但其实内部蕴藏高科技。它们能够自主行动，也能由遥控员在地面上操控，穿梭在各种形状和类型的管道里，不管是排水管还是供水管，甚至是天然气管道。

当智能巡检机器人开始执行任务时，它会动用高清摄像头和激光技术等，对管道的外部表面进行一场全方位的"盘点"。这就像是在管道上贴了一张透明的"皮肤"，能清晰地看到管道外部有没有破损、生锈，甚至是涂料脱落等情况（见图8－10）。

图8－10　管道机器人在排水管道中巡检

资料来源：管道CCTV检测机器人技术在地下排水管网的应用浅析［EB/OL］．维科网，2017－10－19，https：//robot. ofweek. com/2017－10/ART－8321206－8500－30171732. html.

不仅限于外表，智能巡检机器人还能利用红外线、超声波等来对管道内部进行查探。这些技术能够洞察管道内部的情况，看看管道壁面是否有腐蚀、裂缝或其他损坏情况，确保内部的健康状态。

当这些技术一起发挥作用时，管道的问题就易于发现了。一旦发现问题，管网管理人员可以及时采取相应的维修措施，确保管道能够继续顺畅运行，同时也保障了人们的生活和工业生产的正常进行（见图8－11）。

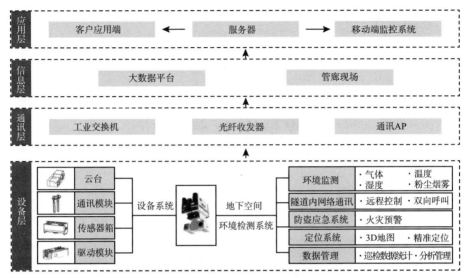

图 8-11 机器人巡检系统架构

资料来源：施罗德官网，https://www.srodcn.com/SolutionStd_867.html.

8.4.3.2 管道修复与施工

有一种机器人，它装备了机械臂和切割工具，就像是一位"管道医生"。这些机器人装备了高压水枪或激光焊接设备，可以在管道内部对漏洞进行修补，修复效率和准确度都大大提高了，它们可以在不需要挖掘地面的情况下对管道进行修复，大大节省了人力和时间成本。

还有一种机器人，它利用 3D 打印技术，可以在现场制造和安装管道连接件，如此能够快速、精准地完成各种施工任务，让修复工作更加高效。

而在防腐保护方面，机器人也大显身手，利用特殊涂层和防腐材料，延长了管道的使用寿命。

总之，随着机器人技术的发展，管道维护工作变得更加高效、精准，也更加环保。这些机器人就像是管道界的"超级工程师"，为我们的管道安全护航，让我们的生活更加便利和安心。

第 9 章

智慧医疗管理

9.1　医疗数据应用

9.1.1　医疗信息化发展

什么是医疗信息化？为什么医疗信息化？

医疗信息化是指运用信息技术对医疗行业进行数字化、网络化、自动化的管理，以提高医疗服务的效率和质量。比如，你去医院看病，医生不再用纸质病历记录诊疗信息，而是把所有数据都存储在电脑里。这样，医生可以随时查看病历，避免了纸质档案丢失的风险，也能更快地获取病人的历史记录，提供更准确的诊断和治疗建议。

医疗信息化已成为全球医疗保健服务的支柱，利用信息技术提升医疗服务水平。电子病历系统的广泛应用保证了患者信息的安全和医护人员的工作效率，同时互联网平台的发展使得患者可以轻松获取医疗服务并与医生进行线上交流。医疗行业正在积累大量数据，这些数据有助于医疗机构制定更精准的治疗方案，并推动医学科学的进步。未来，人工智能技术将扮演更重要的角色，如辅助诊断和精准治疗，而云计算、物联网和区块链技术也将为医疗信息化提供强大支持，实现医疗数据的高效共享和管理，推动医疗资源的优化配置。

9.1.2　数据驱动的医疗管理系统

什么是数据驱动？为什么要用数据驱动？

数据驱动是一种问题求解方法。从初始的数据或观测值出发，运用启发式规则，寻找和建立内部特征之间的关系，从而发现一些定理或定律。通常也指基于大规模统计数据的自然语言处理方法。

比如，当你出门使用地图导航，数据就像是给你提供方向和路线的指南，帮助你更有效地到达目的地。想象一家餐馆想要提高营业额。传统做法可能是凭借经验和直觉来做出决策，比如猜测哪些菜品最受欢迎，或者估计哪个时段最繁忙。然而，通过数据驱动的方法，餐馆可以收集顾客点菜的数据，分析哪些菜品最受欢迎，哪个时段最繁忙，甚至可以了解不同顾客群体的偏好。基于这些数据，餐馆可以调整菜单、优化服务时间，甚至开展促销活动，从而更精确地满足顾客需求，提高营业额。

什么是医疗管理系统？

医院信息系统是指利用计算机软硬件技术和网络通信技术等现代化手段，对医院及其所属各部门的人流、物流、财流进行综合管理，对在医疗活动各阶段产生的数据进行采集、存储、处理、提取、传输、汇总，加工形成各种信息，从而为医院的整体运行提供全面的自动化管理以及各种服务的信息系统。

比如，想象一下医疗管理系统就像是医疗版的"智能手机应用"。就像手机应用可以帮助人们组织日程、提醒会议时间或者记得朋友的生日一样，医疗管理系统可以帮助医院和诊所组织预约、跟踪患者病历、管理药物库存等日常任务，让医生和医护人员能够更加高效的工作，同时给患者提供更好的医疗服务。

国际上，医疗服务信息化已成为趋势。随着信息技术的快速发展，国内越来越多的医院正在加速推进医院信息系统（HIS）的全面信息化部署，旨在提高医疗服务质量和增强核心竞争力。信息化提升了医生的工作效率，使他们能更好地服务患者，同时提高了患者的满意度和对医院的信任度，从而间接增强了医院的科技形象。因此，将医疗服务应用与基础网络平台整合已逐渐成为国内医院信息化发展的新趋势，尤其是在大型和中型医院中更为明显。按照国际上对医疗系统信息化水平的分类，医疗信息化的构建可以分为医院信息管理系统、临床信息管理系统和公共卫生信息化三个级别。随着计算机技术的提升和国家金卫工程①的不断推进，基于网络的医疗信息系统在全国医疗机构中得到了广泛应用，包括 HIS、电子病历系统（EMRS）、影像归档与通信系统（PACS）、放射科信息管理系统（RIS）等成了标志性的应用。

医院信息系统集成了各种子系统，其中包括电子病历系统、影像归档与通信系统以及放射科信息管理系统。

例如，当患者在门诊就诊时，医生可以使用电子病历系统记录患者的病历信息，并将相关的影像资料上传至影像归档与通信系统。放射科医生可以通过放射科信息管理系统访问这些影像，进行诊断和生成报告。同时，医院信息系统可以将诊断结果和处方信息反馈给电子病历系统，以供医生和患者查阅。这些系统之间的紧密集成使得医疗信息可以在医院内部各个部门之间快速、准确地共享，提高了医疗服务的效率和质量（见图 9-1）。

1. 医院信息系统

医院信息系统是为医院提供强大支持的一种系统。它包含门诊管理、住院管理、药房管理、药库管理、院长查询、电子处方、物资管理、媒体管理等常规模块，为医院管理提供有效保障。HIS 系统主要以财务信息、病人信息和物资信息为核心，通过信息的收集、存储、传递、统计、分析、查询、报表输出和信息共享等方式，为医院领导和各部门管理人员提供全面准确的数据支持（见图 9-2）。

---

① "金卫工程"即国家医疗卫生信息产业工程，它是国家信息化建设的重要组成部分，是我国医疗卫生系统的重要基础建设，也是造福于全国人民健康的综合性、跨世纪工程。

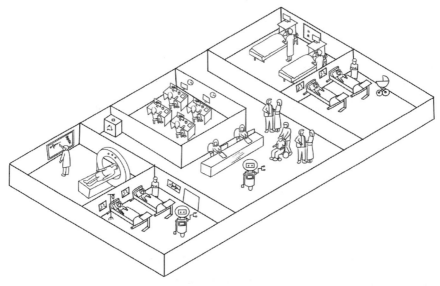

图 9 - 1　智慧医院

▌HIS 医院信息管理系统

平台管理	经济管理	药品管理	后勤管理	医疗管理	医技管理	体检管理	接口管理
医院信息集成平台	一卡通管理系统	门急诊药房管理系统	财务管理系统	门诊护士及留观管理系统	LIS检验系统	健康体检管理系统	医保（职工居民）
医院信息管理综合门户	分诊叫号系统	药库管理系统	仓库管理	门诊医生工作站	RIS系统		新农合接口
院长决策系统	门急诊挂号、收费系统	住院药房管理系统	供应室管理系统	住院医生工作站	PACS影像系统		HIS与电子病历系统接口
医联体管理	预约挂号系统	抗生素及毒麻药品		住院护士工作站	超声系统		PACS、RIS、LIS等与HIS的接口
	住院病人管理系统	管理系统		结构化医护电子病历系统	内镜系统		HQMS数据上传工具
		临床药学管理系统		临床路径管理系统	病理系统		其他接口
				输血管理系统	医技收费管理		

图 9 - 2　医院信息系统

　　资料来源：智慧医疗——面向医务人员［EB/OL］. 亿能达信息技术股份有限公司网站，ht-tp：//www. strongsoft. com. cn/zhyl. jhtml.

　　门诊医生工作站采用直观的中文下拉菜单，界面友好、实用性高，并与门诊挂号收费系统、医技科室信息系统以及住院结算信息系统实现了软件接口交互。医院信息系统就像是医院的大脑和中枢一样，负责整合、管理和处理医院内部的各种信息和流程，就好比是一个大型的电子档案系统，可以记录患者的基本信息、病历、诊断结果、治疗方案等。同时，它也可以管理医院的资源，如药品库存、医疗设备的维护和调度等。另外，它还能协调医务人员的工作安排，包括医生、护士和行政人员的排班及工作任务等。总之，医院管理信息系统通过数字化和自动化的方式，提高了医院的运行效率，优化了医疗服务流程，提升了患者的就诊体验。

2. 电子病历系统

电子病历系统是专门为医学设计的软件，用于以电子形式记录患者就诊信息，包括首页、病程记录、检查检验结果、医嘱、手术记录、护理记录等，其中包含结构化信息、自由文本和图形图像信息（见图9-3）。该系统涉及患者信息的采集、存储、传输、质量控制、统计和应用。

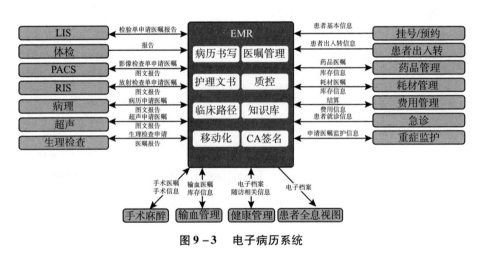

图9-3　电子病历系统

资料来源：电子病历系统（EMR）［EB/OL］. 亿能达信息技术股份有限公司网站，http：//www.strongsoft.com.cn/dzblxt.jhtml.

电子病历系统对提高病历合格率和医院综合竞争力至关重要。首先，通过管理手段、规章制度以及新技术的结合，明确责任、提高管理能力，并通过统计、分析、预警等手段督促医务人员完成病历工作。其次，系统可以缩短医生记录病历的时间，提高工作效率。同时使病历更加完整、规范，有助于提升医院的经济效益和医疗水平。最后，提升了病案质量，避免了常见问题的发生，增强了医院的服务竞争力。此外，合规的病历记录对于法律举证具有重要意义，确保医院和医务人员的合法权益，维护医院的声誉和经济效益。系统稳定了病源，为患者提供长期健康记录，并提供有价值的资料用于医学统计和科研。综上所述，电子病历系统在提高病历质量、节省时间、保障医疗安全、维护医院利益等方面发挥着重要作用。

3. 影像归档和通信系统

影像归档和通信系统是医院影像科室使用的系统。其主要任务是将各种医学影像（包括核磁、CT、超声、X 光、红外仪、显微镜等设备生成的图像）以数字化方式通过模拟、医学数字成像和通信（Digital Imaging and Communications in Medicine，DICOM）和网络接口进行大量存储，并在需要时在授权下快速检索使用，同时提供辅助诊断管理功能。PACS 在影像设备之间的数据传输和组织存储方面发挥着重要作用（见图 9 - 4）。

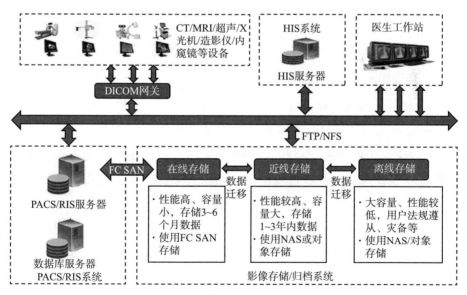

图 9 - 4　影像归档和通信系统

资料来源：医疗 PACS 影像存储解决方案［EB/OL］. 霄云科技，http：//www. shxiaoyun. com. cn/solution/show_solution. php？id = 1654.

PACS 的优点包括：

（1）引入 PACS 系统后，数字化存储图像可以明显减少物料成本，节省大量介质开支，如纸张和胶片成本。

（2）数字化存储消除了失真，同时占用空间小，有助于减少管理成本，并节省介质管理费用。

（3）数字化技术使得医生可以在任何联网地点调阅影像，包括借片和查阅病历，从而显著提升了工作效率，这意味着医生每天可以接诊更多的病人。

（4）数字化简化了医生的工作流程，让他们能够将更多精力用于诊断，从而提升医院的医疗水平。此外，通过应用各种图像处理技术，使本来难以察觉的病变变得清晰可见。

（5）便捷的病历调阅：数字化存储使得以往病历的调阅变得更加方便，使医生能够更准确地参考以前的经验作出诊断。

（6）可实现远程医疗：数字化存储使得远程医疗成为可能。

（7）资源积累：无失真的数字化存储和专家系统生成的规范报告是医院宝贵的技术积累。

（8）充分利用资源：促进医院之间的技术交流，互补互惠，促进双方发展，是远程医疗的一个重要效果。

4. 放射科信息管理系统

放射科信息管理系统是医院中重要的医学影像学信息系统之一，与 PACS 系统共同构成医学影像学的信息化环境。它基于医院影像科室的工作流程，管理任务执行过程的计算机信息系统，主要实现医学影像学检验工作流程的计算机网络化控制、管理和医学图文信息的共享，并在此基础上支持远程医疗。RIS 是放射科信息化的核心，负责管理放射科的日常工作流程。其主要功能包括预约管理、登记患者信息并生成检查订单、管理检查流程（包括设备和医生），以及生成和发布放射科检查报告（见图 9－5）。

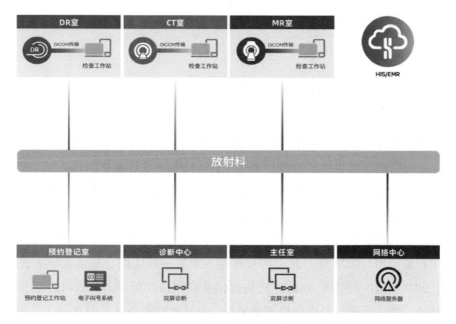

图 9 - 5　放射科信息管理系统

资料来源：放射信息管理系统解决方案［EB/OL］. 北京麦迪克斯科技有限公司网站，http：//www. medextech. com/productinfo/1415714. html.

9.2　智慧医疗技术

9.2.1　基础技术

云计算：通过虚拟化等技术，基于不同终端需求灵活分配计算资源。

大数据：在合理时间内达到撷取、管理、处理、并整理成为帮助决策更积极的资讯。

物联网：通过各类可能的网络接入，实现对物品和过程的智能化感知、识别和管理。

5G：新一代的宽带移动通信技术，是实现人机物互联的网络基础设施。

AI：基于深度学习的神经网络算法，协助解决复杂问题。

其他：区块链、增强现实/虚拟现实（AR/VR）等。

9.2.2　在线医疗服务

通过智能手机连接网络，互联网诊疗提供在线预约服务，为在外地确诊并需要复诊的患者提供了方便。同时，对于外科手术后康复中的患者、老年人以及孕妇等群体，互联网诊疗也成为一种便捷选择，为他们提供了类似家庭医生的服务。这种方式有助于消除医疗资源的地域和时间限制，充分利用医疗资源，同时在医疗资源的均衡分配、人口老龄化和慢性病管理等方面发挥了积极作用。2023 年，北京协和医院、北京天坛医院、北京大学人民医院、北京朝阳医院等 52 家医疗机构提供互联网诊疗服务，患者可以享受线上问诊、续方开药以及查询检查结果等一站式医疗服务（见图 9 - 6）。

图 9 - 6　远程会诊应用

资料来源：腾讯医疗健康医学影像云应用及网络安全能力评估白皮书［EB/OL］. 腾讯研究院官网，2021 - 11 - 05，https：//www.tisi.org/23448，html.

1. 北京协和医院互联网诊疗：便捷、高效的医疗新选择[①]

北京协和医院（以简称"协和"）自 2020 年 5 月底推出互联网诊疗以来，已有 42 个专科开通了线上诊疗功能，成为新冠疫情期间许多老年患者的就医首选，使全国人民从"奔协和"变为"问协和"。线上诊疗不仅可以实现在线看病、开药的功能，还提供药品配送、检查预约、远程会诊等服务，提高了看病就医的便捷性，同时保障了医疗服务的延续性。近 2000 名医生加入了互联网诊疗队伍，协和通过扩大科室覆盖范围、提供药品配送服务、增设"虚拟护士站"等持续"升级"，让复诊患者足不出户就能享受到更加优质便捷的诊疗服务。

符合以下条件的"老病号"可预约互联网诊疗：在协和就诊过且年满 6 周岁以上。医保患者需确认是否正在住院，若在住院中，则本次互联网诊疗将自动选择为自费（包括后续开药与检查），自费患者无须选择。预约成功后将收到手机短信通知。互联网诊疗如有处方，待药师审核通过后即可缴费。协和提供了互联网诊疗的药品配送服务，让患者便捷的同时也节约了时间等成本。自费患者可选择物流配送或在本院取药，而北京医保患者可选择本院取药或外购处方，但若含自制剂则仅支持本院取药。

2. 北京天坛医院：互联网诊疗服务全解析[②]

为了确保患者的健康和安全，互联网诊疗提供了一些常见病和慢性病复诊服务，实行实名制诊疗。支持的功能包括以下类别：

（1）基础服务功能：提供预约挂号、视频复诊、电子处方、检查预约、药品配送（不包括冷链药品）、在线缴费、电子发票、报告查询和院内导航等服务。

（2）拓展服务功能：包括图文咨询、出院管理、药师咨询、护理门诊、健康管理和在线教育等项目。

---

① 天冷、路远、行动不便，一文收藏北京协和医院互联网诊疗最全攻略［EB/OL］. 北京协和医院，2023 - 12 - 22，https：//ims. pumch. cn/detail/33960. html.

② 北京天坛医院互联网医院怎么挂号？［EB/OL］. 北京本地宝，2022 - 12 - 20，https：// bj. bendibao. com/zffw/20221220/335088. shtm.

（3）特色服务功能：提供互联网联合门诊、院后延续管理服务、远程多学科会诊（e-MDT）会诊和远程虚拟病房等。

患者可以通过掌上天坛医院 App 预约挂号。视频复诊的时间为周一至周五全天门诊，图文复诊的时间为周一至周日全天门诊，专家将在 24 小时内给予回复。

3. 北京大学人民医院：便捷诊疗服务全覆盖①

为了满足广大人民群众的就医需求并发挥互联网诊疗的优势，北京大学人民医院互联网医院一直为市民提供诊疗服务，方便市民足不出户在线复诊、医保挂号、电子处方、检验检查开立、检查预约、报告查询，共有 30 个科室已经在互联网医院出诊。工作日及周末、节假日均开放互联网诊疗服务（具体出诊科室及医师信息见互联网医院挂号表）。互联网复诊患者需为本院因相同疾病在本院相关科室就诊且病情稳定的患者。如果患者病情严重或需要紧急处理，建议及时于医院急诊或发热门诊就医，以免病情延误。互联网医院开具的处方，在 3 日内到院缴费取药。互联网医院支持医保结算服务，医保患者在挂号前请注意就诊人身份是否为医保身份。

9.2.3　医疗机器人

医疗机器人是用于医疗或辅助医疗的智能型服务机器人，分为多种类型，包括手术机器人、配送机器人、移动病人机器人、康复机器人、护理机器人和医用教学机器人等。

随着科普宣传的增加，人们对于"机器人手术"有了更多了解。多数人可能认为是机器人自己给病人做手术，事实上，这种手术并非由机器人执行，而是外科医生通过操控机器人的机械臂来进行。这一系统被称为"达芬奇机器人外科手术系统"，它是一种先进的内镜显微手术系统，包括主机控制系统、传输和支持系统以及影像输出系统。医生通过操作主机控制系统

---

① 北京大学人民医院互联网医院怎么就诊？[EB/OL]. 北京本地宝，2022-12-20, https://bj.bendibao.com/zffw/20221220/335092.shtm.

来驱动机械臂完成手术操作，传输和支持系统则将信息传输到器械端。影像输出系统提供清晰的 3D 手术视野。达芬奇机器人是世界上最先进的微创外科技术之一，最初用于太空探索。与传统手术相比，它具有诸多优势，如放大手术视野、多维度操作、创口小、出血少、恢复快等。同时，它还能通过三维成像放大血管和纤维，为医生提供更清晰的判断（见图 9 – 7）。

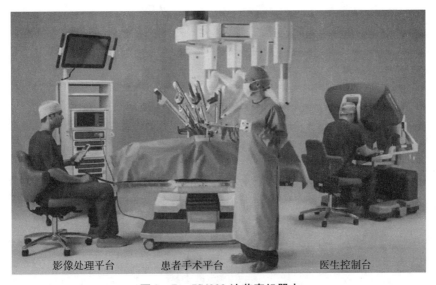

影像处理平台　　　　患者手术平台　　　　　　医生控制台

图 9 – 7　IS4000 达芬奇机器人

资料来源：中国医药器械审评中心官网，https：//www.cmde.org.cn/index.html。

医院中的智能配送机器人承担着重要任务，包括运送药品、送餐进入隔离区域，以及回收被服和医疗废物等。这些机器人利用中央智能控制系统实现自动开关门、搭乘电梯、避障、自主充电等功能，完全无须人工干预。它们内部设有紫外线消毒灯，确保箱体和物品的卫生安全。此外，机器人还能进行远程实时语音视频通信，直接与隔离病房的护士或患者交流。一些运送药品的机器人还可以代替护士完成送餐、递送病历和化验单等任务（见图 9 – 8）。

图9-8　智能配送机器人

资料来源：赛特智能官网，https：//www. saiterobot. com/product. html.

　　移动病人机器人可以协助护士移动行动不便的患者，而康复机器人和护理机器人则助力残疾人恢复生活能力和分担护理工作（见图9-9）。

图9-9　康复机器人

资料来源：迈步官网，http：//www. milebot. com. cn/max-1/.

　　医用服务机器人可以为患者或家属提供医院基础服务，例如路线引领、排队挂号、票据打印等（见图 9 - 10）。

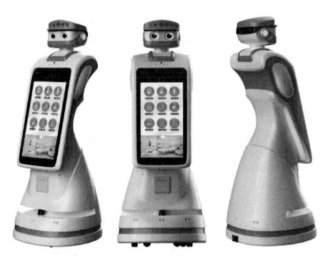

图 9 - 10　医用服务机器人

资料来源：KER 官网，http：//www.gzker.com/xcpzs.

9.2.4　医疗健康大数据应用

　　利用 AI、大数据、物联网等技术，提升医疗水平、优化公共卫生体系的管理能力，已成为地方政府和科技公司共同面对的重要挑战。《"健康中国 2030"规划纲要》将发展健康产业列为实现"健康中国"五大任务之一，并设立了将其打造成国民经济支柱产业的战略目标。在新基建的七大领域中，大数据中心作为城市基础设施和数字经济的核心，其平台化水平和运营能力直接关系到新基建成效。医疗领域是衡量大数据中心建设成果的重要指标之一。医生通常希望收集更多的患者信息，以便及早发现疾病，从而降低患者的健康风险并减少医疗支出。通过医疗大数据分析，人们不仅能够预测流行疾病的趋势、避免感染和降低医疗成本，还能享受到更为便捷的医疗服务。电子医疗记录的收集是大数据应用中最为重要的之一，每位患者都有自己的电子病历，其中包括个人病史、家族病史、过敏情况和医疗检测结果等。这些信息能够通过安全系统在不同的医疗机构之间进行共享，使得医生方便地添加或修改记录。电子病历不仅帮助患者了解自己的用药情况，也是医学研究的重要数据来源。

健康监控方面，可穿戴设备的应用成为医疗领域的新创新，它们能够实时监测患者的健康状况，并将数据存储在云端。这些设备不仅在医疗机构内部使用，还能在外部场所使用，使得患者能够在家中获取健康信息和治疗建议，从而降低医疗成本。这些设备持续采集健康数据，不仅提供患者个体的实时信息，还可以用于分析群体健康状况和支持医疗研究，基于这些研究结果，能够制定更有效的疾病预防和治疗方案（见图9-11）。

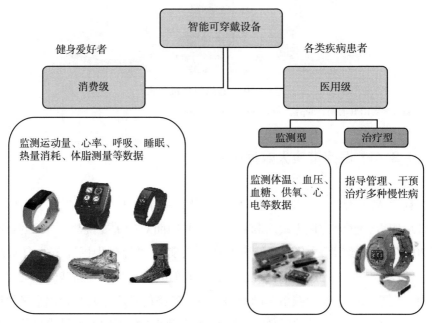

图9-11　智能可穿戴设备分类

资料来源：2022中国POCT行业研究报告［R］. 健康界，2022，https：//www. tisi. org/23448，html.

例如，带有GPS定位功能的哮喘吸入器能够监测多名患者的哮喘发作情况，从而为特定地区制定更为合适的治疗策略。智能血糖仪和智能血压计等设备能实时监测患者健康状况，并将数据上传至云端，通过人工智能进行分析和诊断，及时发现潜在健康问题（见图 9 - 12）。这些设备如计步器、体重监测器、睡眠追踪器等，在我们的日常生活中得到了广泛使用，为医疗数据库提供了宝贵的数据。

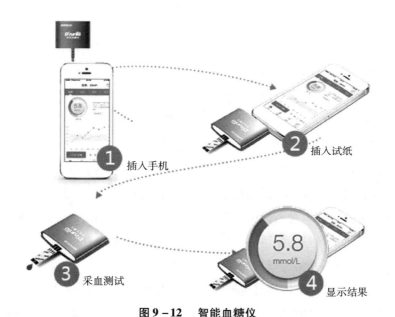

①　插入手机
②　插入试纸
③　采血测试
④　显示结果

5.8
mmol/L

图 9 - 12　智能血糖仪

资料来源：糖护士官网，https：//www.dnurse.com/v2/product.

医疗资源的有效配置已在一些试点单位通过大数据的支持得以实现。在法国巴黎，4 家医院利用多源数据预测每日和每小时的患者量。它们运用时间序列分析技术，审视过去 10 年的患者入院记录，以发现入院规律，并通过机器学习找到可预测未来入院趋势的算法。这些数据供应给医院管理人员，协助他们规划未来 15 天所需医护人员的编制，以提供更有效的服务，缩短患者等待时间，同时合理分配医护人员的工作量。①

---

①　大数据医疗：5 大应用、5 个痛点、5 种趋势［EB/OL］.山西省互联网协会，2020 - 07 - 21，https：//mp.weixin.qq.com/s？_biz = MzA5ODc2NTU2Ng = = &mid = 2650339251&idx = 5&sn = 1dfc91565c1052fefceab7b0f050b2ce&chksm = 8880c822bff741341a099f95bb310dd40d1b216ee15ee3ce2e2ba cb3a358db7b13 f114d5f7d0&scene = 27.

9.2.5　智慧临床决策支持系统

智慧临床决策支持系统（Clinical Decision Support System，CDSS）是通过应用信息技术，综合分析医学知识和患者信息，为医务人员的临床诊疗活动提供多种形式的帮助，支持临床决策的一种计算机辅助信息系统，是临床决策的辅助工具。CDSS 旨在为医生和其他卫生从业人员提供临床决策支持，通过数据、模型等辅助完成临床决策。通俗地说，CDSS 就是把医生记不住的知识通过计算机界面呈现出来，来帮助医生更好地接诊。提高医疗质量是 CDSS 系统的主要目标，它通过评估和提升医疗质量，减少医疗错误来控制医疗支出。CDSS 的应用场景包括诊前决策、诊中支持和诊后评估全过程，临床医生能够通过 CDSS 的协助做出最合适的诊疗决策。过去，CDSS 的主要市场是大医院，但随着国内对基础医疗的投入支持不断加大，基层医疗机构和基层医生的数量不断增多，老百姓对于优质基本医疗服务的需求也在增多，CDSS 的市场开始逐渐从大医院转向基层。

CDSS 在医疗领域发挥着重要作用。它模拟多学科综合治疗（Multidisciplinary Treatment，MDT），为大型医院的专家提供意见，避免专家决策中的盲点。专科医生常常受限于自己的专业知识，可能会忽视某些因素，这时候医生需要一个知识库，列出引发患者症状的多种可能性。帮助专家唤起记忆，起到类似于多学科会诊的作用。这将减少专家漏掉其他疾病的可能。CDSS 的应用可以帮助医生减少医疗差错，提高医疗质量，解决医疗资源质量分配不均的问题，提高医生和医疗机构的平均诊疗能力。CDSS 的应用还可以帮助医生提高医疗诊断速度，提高医生的供应量，节约患者问诊时间。帮助医院内部建立规范化的临床流程与收集标准化的临床数据。数据资产的积累可以帮助医生进行后续的数据分析与科研工作。由于医学知识内容浩如烟海，CDSS 的基础知识库可作为医生的第二大脑，帮助专家级医生将更多精力聚焦在更有价值的学习领域。在辅助决策的过程中帮助控制医疗费用的支出，监督过度医疗行为，降低医疗成本，提高医院整体运行管理效率。

9.2.6　医疗健康案例推理

基于案例的推理（简称"CBR"）是人工智能领域的一个重要分支，它基于大数据进行案例组织，并通过匹配最相似的历史案例，利用专家凝聚在历史案例中的经验知识来解决新的管理决策问题。CBR 这种借鉴历史案例和专家处理类似问题经验知识的推理思想极为接近人类决策的真实思维过程。医疗健康案例本身包含大量的专家知识，为医疗健康过程提供决策信息支持。基于案例的方法主要利用现有的经验。案例是一种独特的总结规律的方式，一个成功的案例对医学的贡献极大。医学将临床案例视作宝贵的财富，医学中存在大量的关于名老中医案例文献。因此，医学的临床辅助系统可以在已有的名老中医诊疗经验数据的基础上研究筛选案例的方法，构成名老中医临床经验案例知识库；改进已有的基于案例推理的方法，尤其是案例修正方案的设计，以新的基于案例推理的方法为理论基础构建出基于案例的推理引擎。

CBR 是一种依赖类比推理的机器学习，而类比推理是发现过去情况和新情况之间相似之处的过程。CBR 的工作原理是检索过去的类似案例，并根据当前情况进行调整，以做出决策或解决问题。该技术源自人类解决问题的方法，人们经常依靠过去的经验在新情况下做出决策。CBR 是一种机器学习，它是基于相似的问题可以有相似的解决方案，并且利用这种相似性来寻找新问题的解决方案。例如，早晨开车上班遇到交通拥堵，我们会根据之前选择的无拥堵路线绕行，或者探索一条新的路线。如果避开了拥堵，我们会记住这条路线。下次遇到类似情况时，就可以尝试走这条路线来避免交通拥堵。CBR 的概念就是基于这种想法发展起来的，它可以根据过去的案例经验来推断新案例的可能情况，因此是一种有效的数据挖掘技术。

9.3　"全民互动"的智慧医疗大健康管理

党的十九大将"实施健康中国战略"纳入国家整体发展战略统筹推进，目前健康中国建设已进入全面实施阶段。医学科技创新是推进"健康中国"的关键任务之一，通过新一代信息技术如云计算、大数据和人工智能等，推进医疗数字化进程。云平台的建设将提升医院服务效率；大数据可用于医院和政府部门的精准管理；人工智能将推动医学影像识别、辅助诊断和智能健康管理等方面迈向新的发展阶段。在"十四五"期间，医疗数字化进程将持续推进，推动我国医疗领域服务模式和产品发生深刻变化，助力健康中国战略的深入实施。

家庭是社会组织的最小单元，家庭健康系统则是整个智慧医疗系统中最微妙的一环。该系统的核心功能包括对一般人群的日常监测、对特殊人群（如智障、残疾、传染病患者）的特殊监测、对老年人的跌倒预警，以及为行动不便无法前往医院的患者提供远程医疗服务。此外，它还提供慢性病和老年人的远程护理，并包含智能用药系统，可自动提醒用药时间、服用禁忌和剩余药物量等信息。

家庭成员可以通过操控家庭健康设备，从手机端获取或处理反馈信息，了解自身健康状况。同时，手机端的数据可以通过互联网同步至医院，家庭成员可以利用手机与医院进行信息交流（见图9－13）。

在智慧医疗的趋势下，健康管理日益向主动化方向发展。主动健康作为未来医学发展的关键方向，将与现代疾病医学相辅相成。在我国，智慧医疗健康管理处于起步阶段，是一个快速发展的产业。发展该产业在我国具有独特和显著的优势。首先，我国的社会主义制度确保智慧医疗能够大范围的进行推广和促进全民健康具有可行性。随着我国人口老龄化不断加剧，主动的健康管理已成为迫切的需求。科技部多次发布关于应对"主动健康和老龄化"的应用型科研项目①，智慧医疗在主动健康管理中扮演着不可替代的角色。由此可见，智慧医疗健康发展前景不可估量。

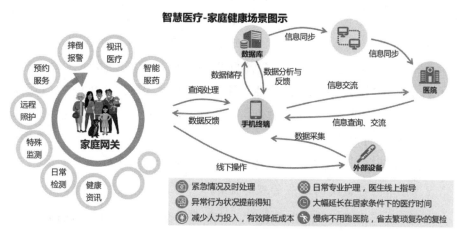

图 9 - 13　智慧医疗——家庭健康场景

资料来源：乘科技之骐骥，驷创新之玉虬中国医疗科技行业研究报告［R］. 上海艾瑞市场咨询有限公司，2022 - 12，https：//www.cnki.net/.

1. 医疗健康大数据的管理与治理

健康医疗领域的线上和线下活动正在变得越来越数字化和信息化，这产生了海量的数据。对未来的健康医疗活动来说，如此多的数据管理起来是个巨大的挑战。医疗健康大数据表面上看起来是一堆枯燥的数字，如果深挖出来其内在的价值，将会对医疗决策和医疗管理带来很大的帮助。医疗健康大数据的管理与治理旨在满足全面医疗健康管理与决策的数据驱动需求，同时提高数据的质量和保障数据的安全性。

2. 基于混合智能的医疗健康管理

人工智能正在迅猛发展，并在慢性病管理、药物开发、健康监测和预防

① 比如，"糖脂代谢异常亚健康状态预警及系统有效干预措施研究"，该项目以增强糖脂代谢亚健康高危人群早期辨识和有效干预为目标，旨在提升人群主动健康水平和推动健康中国建设。"中国老年人常见运动、认知功能障碍评测及个性化干预前沿技术研究"，该项目启动暨实施方案论证会在成都顺利召开，标志着该项目正式启动。

保健等医疗健康管理的多个领域取得显著成果。尽管人工智能在优化、计算和存储方面表现突出，但在学习、感知和推理能力上赶不上人类。因此，将人类认知或作用以合适的方式结合到人工智能系统中，发展成为"混合智能"，成为该领域的一个关键趋势。这种发展模式不仅可行，而且至关重要。智能机器为人类提供服务，人类既是"价值判断"的仲裁者，也是"价值输出"的直接受益者。将两者的优势集合于一身，将会大大地提高健康医疗管理的效率、决策的准确性、预警的及时性和评估的全面性。在医疗领域，由于医疗事关人的生命健康，在医疗上容不得一点马虎。此外，人类疾病难以通过简单规则来完全定义，因此，需要结合人工智能技术的准确性并通过人类把握正确的方向，这将对发展"混合智能"系统至关重要。

3. 智慧医疗健康的过程管理与优化

物联网、5G 等技术的广泛应用，以及大数据和人工智能等数据收集与分析技术的不断进步，推动了医疗健康行业向智能化方向快速发展。智能健康医疗领域突破了传统医疗的限制，增强了对健康医疗过程的监测和感知。以个体的组学数据和遗传信息为基础，通过收集、量化和实时更新的数据，包括生活环境、生活方式、疾病状态、既往病史以及治疗效果等信息，大幅完善了疾病预测、筛查、诊断、治疗和康复等全周期健康医疗过程。这将实现对人类个体全方位、全周期的健康医疗管理与优化，为推进精准医疗和价值医疗提供基础和动力。

4. 智慧健康医疗的平台化运营管理

随着疾病防治进入新的阶段，健康医疗需要迎合新的模式，从传统的被动治疗方式转向更主动、更精准的预防、诊疗和康复模式。为实现这一转变，智慧健康医疗平台需要整合相关服务、技术、数据等要素，以提供必要的支持和赋能。与此同时，健康医疗的网络化、数字化和智能化带来了对平台化运营管理的需求和挑战。平台化不仅是智慧健康医疗的发展趋势，也是促进智慧生活和共享生态系统形成与发展的关键基础及必经之路。

5. 智慧健康医疗生态系统的演化与协同管理

在满足公众健康医疗需求的过程中，智慧健康医疗生态系统中的各实体机构发挥不同的作用,共同构筑一个错综复杂的网络。这些机构包括政府健康医疗管理部门、药品器械和耗材制造商、药品分销商、医院和其他医疗机构、银行和保险公司,以及健康服务机构等。在医疗资源紧缺的情况下,这些机构通过制度设计和资源分配来提高运营效率和社会福利,最终达到医疗健康服务的最大化价值。在决策过程中,它们需要综合考虑公平性、安全性、质量、成本、速度、社会影响等多个因素。这些相关机构之间形成了错综复杂的竞争与合作关系。

+-+

案例 9-1:腾讯觅影·影像云

腾讯觅影·影像云是基于腾讯云技术能力打造的,专注于医疗影像数据的云端管理和应用平台。该平台搭载了大数据和人工智能分析功能,旨在提供以患者为中心的医学影像服务,实现医学数据的安全共享,为分级诊疗制度的实施提供支持。腾讯觅影·影像云以"互联网+医学影像"的方式连接医院、医生和患者三方,从而实现影像全流程、全协作化的互联网应用服务。

医学影像在医疗领域扮演着重要的基础角色,医院数据的大部分(85%~90%)来自医学影像。影像已成为医疗大数据的主要来源,也是医疗信息化中应用频度最高的数据类型。医学影像对医疗诊断至关重要,对医生而言,它就像是一幅珍贵的生命高清地图,能够使医疗过程更加安全和合理,也有助于医生之间、医生与患者之间的沟通与协作更有效。

传统的影像模式和物理医用胶片虽然在辅助诊断方面发挥了重要作用,但随着"互联网+"时代的到来,已无法满足医疗数字化中对患者影像应用和处理的需求,也严重制约医疗信息化的发展。传统胶片的缺点包括笨重不易携带,特别是在患者转院或异地就诊时,这一缺点尤为突出;同时,传统胶片容易发生自然氧化和霉斑,严重影响结果观察,使患者难以有效保存和管理自己的医学影像检查资料。随着医学检查设备的不断进步,医生对患者疾病诊断所需的医学影像数据功能需求日益增加,导致医院每年需要投入大量资金用于建设物理存储设备。此外,如果传统的影像存储设备发生宕机，导致患者数据丢失，对医院的影响几乎是灾难性的。来自基层医院的患者在转诊到上级医院时，往往面临着跨院调阅影像数据困难、光盘存储不便查阅、打印胶片不清晰等问题，需要进行二次检查，这不仅增加了医疗负担，也使基层医疗资源难以有效利用。

面对传统影像模式的问题，在医疗数字化浪潮下，各地医院纷纷建设了PACS系统，取代了传统的医学影像体系，解决了数字医学影像获取、显示、存储、传送和管理等问题。然而，在医院之间，数据仍然无法实现互联互通，形成了医疗影像的"信息孤岛"。解决医院之间数据孤岛的最佳途径是利用影像云技术。医疗影像云是医院信息化服务的新模式，可以打通目前各个医院之间的"信息孤岛"，促进医疗数据的互通和互联。医疗影像云技术极大地推动了数字医疗影像数据从院内应用向区域应用的发展，从医生诊断到个人患者影像档案管理的兼顾，以及从本地存储向云存储的迁移，从而实现了远程会诊、远程诊断和智能辅助诊断等基于链接的医疗应用，有助于实现分级诊疗。从业务上看，医疗影像云覆盖了诊断、治疗、康复等关键环节，涉及医生、患者、医院等多个主体。对医生来说，医疗影像云可以帮助提高诊断效率和精度，降低医患矛盾，提高患者满意度，提供更好的医疗服务。对患者来说，通过医疗影像云，可以便捷地就医，省时省钱，推动以患者为中心的分级诊疗。对医院来说，医疗影像云可以推动医院间数据的互通，打破信息孤岛，助力互联网医院的远程医疗、远程会诊等业务（见下图）。

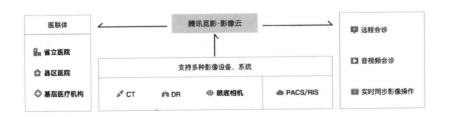

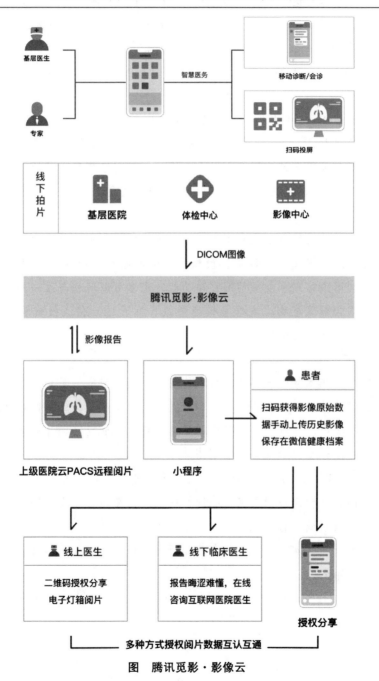

图　腾讯觅影·影像云

影像云技术的优势有：（1）高效连接：基于医联体、企业微信、互联网医院连接医院、医生、患者。（2）一部手机管理医学影像：基于微信生态，实现患者一部手机管理所有医学影像，并可安全分享和报告解读。（3）科技助力：强大的人工智能技术，辅助基层诊断，提升基层医疗水平。

1. 云连接

通过医联体/医共体网络，各级医疗机构之间实现了互联，使医生能够随时随地通过 PC 端和移动端查看本院和远程患者的影像，并进行诊断。医生可轻松发起远程会诊，同时借助企业微信和实时音视频功能，对疑难病例进行 MDT 会诊讨论，从而确保沟通的高效与高质量。

2. 云服务

患者通过手机管理个人和家人的医学影像数据，包括检查报告和原始图像，并可以随时查阅。通过多种授权形式分享数据，解决了跨院调阅的问题，同时利用微信和企业微信的互通功能，患者可以轻松与互联网医院医生进行在线报告解读咨询。支持多模态影像长期管理，在线报告解读方便快捷，微信授权分享安全可靠。

3. 云智能

深度学习技术在医学影像分析中的应用，提供智能的量化分析工具和诊断辅助，涵盖放射影像、内镜检查和眼底照相等多种模态的影像数据，有助于医生更加敏锐、准确地发现疾病的早期病变，进而提高阅片效率。这一技术的应用也能够有效赋能基层医疗机构，使其具备更高水平的医疗服务能力。2017 年 11 月，科技部明确依托腾讯公司建设医疗影像国家新一代人工智能开放创新平台，作为国家第一批新一代人工智能发展规划暨重大科技项目的医疗影像领域实施单位。

资料来源：腾讯觅影·影像云官网，https：//tencentmiying.com/official/product/pacs.

第 ⑩ 章

数字化赋能公务接待管理

2022 年 4 月 19 日，习近平总书记在主持中央全面深化改革委员会第二十五次会议时强调，要全面贯彻网络强国战略，把数字技术广泛应用于政府管理服务，推动政府数字化、智能化运行，为推进国家治理体系和治理能力现代化提供有力支撑。《中华人民共和国国民经济和社会发展第十四个五年规划和 2035 年远景目标纲要》（简称"十四五"规划）中也明确提出，迎接数字时代，激活数据要素潜能，推进网络强国建设，加快建设数字经济、数字社会、数字政府，以数字化转型整体驱动生产方式、生活方式和治理方式变革。

为规范党政机关国内公务接待管理，厉行勤俭节约，反对铺张浪费，加强党风廉政建设，中共中央办公厅、国务院办公厅还专门印发了《党政机关国内公务接待管理规定》。

数字化公务接待的创新使用，可以充分发挥数字技术在优化体制机制、完善治理体系、提升治理能力中的作用，从而大力推进保障党政机关高效运转，加快转变政府职能，建设廉洁政府、服务型政府，提高党政机关公务接待服务质量和水平，确保公务活动取得更好的效果。

10.1 什么是公务接待

10. 1. 1 公务接待的含义

公务接待工作是各组织在公务活动中对来访者所进行的迎送、招待、接谈、联系、咨询等辅助管理活动，是一项经常性的事务工作。

本书所言公务接待，特指国家党政机关及事业单位的公务接待。

公务接待是各级组织职能的一个重要环节，是宣传本单位或本区域的一个窗口，是招商引资的一座桥梁，也是促进合作双赢的"润滑剂"。

10.1.2　公务接待的内容

目前，党政机关及事业单位公务接待内容主要包括会务、宴请、调研、住宿、迎送、车辆等事务安排。

公务接待具体程序是由来宾方向接待方发送接待公函，公函内容主要包括考察时间、来宾名单、来访意图、对接单位或人员等。接待方收到公函后由具体负责人员与来宾方进行对接沟通，在了解到具体的车次安排、人员情况、考察内容、特殊要求等信息后，在接待标准范围内，根据实际情况，制作安排方案并具体执行。

另外，在各地党政机关及事业单位的大型会议、活动中，公务接待工作也是很重要的环节。通常情况下，大型会议或活动由主办方向来宾方发出《邀请函》，而后来宾方向主办方反馈参加情况，由主办方工作人员做出具体的接待安排，及时反馈，如无异议，届时跟进服务（见图10-1）。

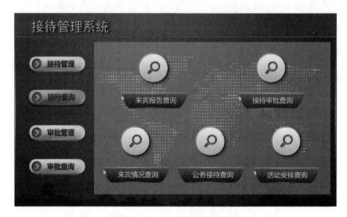

图 10-1　接待管理系统

资料来源：宏达软件官网，http://www.inmis.com/SystemHelp.asp.

10.1.3　接待工作的特点

1. 政治性

公务接待工作是事务工作，也是政治工作。工作人员对不该说的话，不该去的地方，不该吃喝的东西，不该做的事，都要心中有"数"。任务执行过程中，一要严格按照中央八项规定及其实施细则相关要求；二要准确把握接待分工、报批程序、礼仪规格、费用管理等相关内容，始终按标准接待、按规定办事、按程序运作；三要以适当的方式引导客人遵法纪、守规矩，不添乱。

2. 地方性

公务接待工作是事务性工作，也是做好自我展示、自我推销的宣传工作。接待部门要把接待工作与当地的历史沿革、人文精神、饮食特色等紧密结合。在引领来宾考察、调研或活动时，要在守规矩的前提下，尽可能多地让来宾了解或体验本地的红色基因以及人文风情，以魅力增加吸引力，为单位为地方争取政策、争取支持、争取投资，让公务接待成为促进经济社会文化新发展的助推器。

3. 温暖性

接待工作制定任务方案时，要综合考虑来宾民族、职业、文化背景、生活地域和饮食禁忌等各方面信息，"私人定制"接待服务安排，让来宾充分感受接待温度。

10.2　传统接待形式

10.2.1　传统接待工作形式

传统接待工作中，接待方一般会根据接待方案提前给来宾印发纸质接待手册，手册内容主要包括日程安排，人员名单，住房、乘车、就餐安排、当地简介、工作人员联系电话、天气预报、备注等，以便来宾快速了解活动的日程和信息。

接待任务结束后，由工作人员将公函、活动方案、费用清单等纸质材料收集齐后，进行费用结算，并对接待过程中的纸质文件进行整理归档。

传统接待工作形式通常指的是在企业或组织中专门负责接待来访者、客户或访客的工作岗位或职责。这种形式的工作通常包括以下内容：

（1）接待访客：接待工作的主要职责是迎接访客，并为他们提供必要的信息、指引和支持。这些访客可以是公司的客户、供应商、合作伙伴、投资者或其他与企业有联系的人士。

（2）管理前台：接待员通常会在前台或接待处工作，负责接听电话、接收传真、处理邮件和包裹，并协助访客或员工解决基本的问题。

（3）提供信息和导航：接待员需要熟悉公司的内部结构和地理位置，能够为访客提供方向和导航，并解答关于公司或组织的基本问题。

（4）安全与安保：在某些情况下，接待员可能需要进行身份验证，并确保只有授权人士能够进入公司或组织的内部区域。

（5）预订会议室和管理日程：接待员可能会协助访客预订会议室，安排会议的日程安排，并帮助会议组织者准备必要的材料和设备。

（6）提供支持服务：例如为访客提供茶水、咖啡或小吃等，确保舒适度和满意度。

（7）记录和报告：记录来访者的信息，维护客户数据库，以及编制每日或每周来访者的报告，这些对于企业决策者和管理者来说是很有价值的。

（8）协助其他行政任务：接待员有时也会协助处理一些基本的行政任务，如文件复印、文件整理和邮件分发等。

这些任务可能因公司的规模、行业特点以及接待员的职责而有所不同。然而，无论如何，接待工作形式通常都包括以上提到的一些核心职责，旨在为来访者提供一个专业、友好和高效的服务环境。

10.2.2　传统接待方式存在的问题

（1）纸质接待手册印制后，如果人员、行程、车辆等环节发生变化，都需要重新调整、排版。若在任务临近开始发生环节变动，容易有来不及重新印制的情况，从而造成手册与实际接待情况不一致，降低接待体验感。

（2）任何环节的变动，工作人员都要通知相关接待酒店、调研点位、会务组织、车辆安排等负责人员，要进行一系列的大量的重新沟通、重新安排工作。

（3）接待手册由来宾随身携带，如果发生丢失容易造成信息泄露。

（4）来宾不能在需要时快速在接待手册中查找到自己想要的信息。

（5）纸质费用的报销，需要人工根据不同的标准进行大量的核算，且容易出错，需进行反复计算。

（6）纸质档案的存放，容易发生存档不及时、查询检索不便捷等问题，影响工作效率。

10.3　数字化赋能公务接待管理

数字化赋能公务接待服务管理工作，就是要用新的技术手段，探索以信息化建设来解决公务接待难题，实现数据的集中管理、共享和分析，进行工作方式的变革。它可有力地支持组织的决策和业务流程的优化，进而全面提高公务接待服务管理的质量和运行效率，提高来宾满意度。

数字化技术在公务接待管理中可以发挥重要的赋能作用，提高效率、便捷性和信息化水平。以下是数字化如何赋能公务接待管理的几个方面。

（1）预约系统和电子登记台：引入预约系统和电子登记台可以使访客提前预约访问时间，并在线上完成登记流程。这种方式不仅减少了排队等候时间，还可以更好地管理访客信息、提高安全性，并为来访者提供更好的服务体验。

（2）电子访客管理平台：通过电子访客管理平台，接待人员可以轻松记录和管理访客信息，包括姓名、联系方式、访问目的等。这样的平台还可以生成访客通行证、发送访客提醒和确认邮件，并提供访客统计和报告功能，有助于提高接待工作的效率和透明度。

（3）智能安保系统：结合智能安保系统，如人脸识别技术、身份验证系统和门禁系统，可以提高安全性，确保只有授权人员能够进入公司或组织的内部区域。这些系统还可以实时监控访客的动态，及时发现异常情况并采取相应措施。

（4）移动端应用程序：开发移动端应用程序，让接待人员可以随时随地进行访客管理和沟通。通过移动应用，接待人员可以接收访客预约通知、查看访客信息、发送提醒消息，并与访客进行实时沟通，提高工作的灵活性和响应速度。

（5）数据分析和报告：利用数据分析技术，对访客数据进行深入分析，发现访客的行为模式和偏好，为企业决策提供有价值的参考。定期生成访客统计和报告，帮助管理者了解访客的来源、数量和趋势，优化接待策略和资源配置。

（6）整合化办公平台：将访客管理系统整合到企业的整体办公平台中，与其他系统如会议管理、人力资源管理等相互关联，实现信息共享和业务流程的自动化，提高工作协同效率和管理水平。

数字化技术为公务接待管理带来了诸多优势，包括提高工作效率、提升服务质量、加强安全防护、优化资源配置等，有助于实现接待工作的智能化、信息化和现代化管理。

10.3.1　数字接待的基本要求

1. 要科学开展数字化建设顶层设计

数字化公务接待要强化系统观念，各地方党政机关及事业单位要在健全科学规范的数字政府建设制度体系、依法依规促进数据高效共享和有序开发利用的基础上，积极构建接待系统的省、市、县（区）、第三方（酒店、车队）等多级多部门联动的业务格局，统筹推进技术融合、业务融合、数据融合，从而实现跨层级、跨地域、跨部门的协同管理和服务，实现多方"一网通"，方便不同地方、不同部门之间的业务推送、实时掌握，减少重复沟通。

2. 全面统筹数字化建设系统功能

数字接待可以在系统功能上实现对参会人员报到、住宿、用餐等方面的信息化管理。在确保安全性和保密性的前提下，来宾可以通过微信或 App 等方式登录，获取本人住房房号、用餐安排、乘车安排等信息。数字接待系统可以涵盖接待工作的所有流程，有效实现接待公函、接待审批、食宿安排、接待管理、租车用车、物品进出、费用结算、资料存档等数字化管理。同时，如果来宾报到时发生人员变化，各方工作人员可在系统中对与会地点座次、就餐、车辆等安排进行动态调整、查看，作出及时反应，来宾也可以在系统中随时查阅。既保证了信息传递的及时性，也避免了纸质手册重新刊印的资源浪费。

3. 科学实现数字化建设预警操作

公务接待管理系统在各节点要实现清晰的责任划分，在公函审批、接待方案制定、费用报销的审核过程中，要强化监管功能，根据接待标准、陪餐人数、经费预算等，设立相应的预警提示，通过固定的程序运行，提升监管的可操作性，促进公务接待部门规范履责。

10.3.2　数字接待的优点

（1）和单纯的文字不同，数字接待系统可以把考察点的视频、图片等资料融合在系统里，可以让来宾更直观、更全面地建立对调研考察点的印象，效率高、效果好。

（2）数字接待系统的使用，使接待流程化繁为简，减少人工、时间投入，降低接待费用。

（3）数字接待系统的使用，更重要的优势体现在数据存储分析上。全面的数据存储可以在系统中实现将来宾在考察过程中的吃住行等细节采用表格、文字和图片等多种形式记录保存，并通过技术手段，使用数据对比等方法，动态、及时、多角度分析，如来宾数量统计、任务数量统计、费用统计等。通过大数据技术的深度分析，可以为管理者统筹协调提供科学依据。

（4）通过数字接待系统的使用，可以保证接待信息传递的及时性、动态性、便捷性，有效推动接待工作的流程化、标准化、规范化，科学实现接待闭环管理、流程全程监控，用技术的手段可有效解决一些廉政问题以及传统公务接待工作中存在的问题。

10.3.3　数字接待要避免的问题

习近平总书记指出，没有网络安全就没有国家安全。[①] 数据化接待项目建设及系统使用过程中，要始终绷紧安全这根弦，包括网络安全、数据安全等，避免因系统软硬件、系统本身或管理存在的安全隐患，引发系统运行障碍、系统瘫痪、业务停滞、数据的篡改丢失泄露等。这些都严重威胁着行业信息安全、社会稳定、国家安全以及经济发展等。在数字化接待中，一些常见的问题需要避免，以确保系统的顺利运行和用户的满意度。以下是一些数字接待中要避免的问题：

（1）安全漏洞：数字接待系统可能存在安全漏洞，如数据泄露、未经授权的访问等。为了避免这些问题，需要采取有效的安全措施，如加密数据传输、实施访问控制和权限管理、定期进行安全漏洞扫描和修复等。

（2）系统故障：如果数字接待系统出现故障或不稳定，将会影响访客的正常体验和公司的形象。为了避免这种情况的发生，需要选择稳定可靠的系统供应商，并定期进行系统维护和更新，确保系统的正常运行。

（3）用户体验不佳：如果数字接待系统的界面设计复杂、操作烦琐，

---

① 习近平出席全国网络安全和信息化工作会议并发表重要讲话［EB/OL］. 中国政府网，2018－04－21，https：//www. gov. cn/xinwen/2018－04/21/content_5284783. htm.

访客可能会感到困惑和不满意。因此，需要注重用户体验，简化操作流程，提供清晰明了的界面和指导，以提高用户的满意度和使用效率。

（4）信息不准确或过时：如果数字接待系统中的信息不准确或过时，将会给访客和接待人员带来困扰和误解。因此，需要确保系统中的数据和信息及时更新和准确，避免出现信息不一致或混乱的情况。

（5）缺乏培训和支持：如果接待人员缺乏对数字接待系统的培训和支持，可能无法正确操作系统，影响工作效率和服务质量。因此，需要提供充分的培训和技术支持，确保接待人员能够熟练掌握系统的使用方法，并及时解决遇到的问题和困难。

（6）隐私问题：数字接待系统涉及访客的个人信息，需要严格保护访客的隐私权，避免未经许可的信息收集、使用和传播，以及违反相关隐私法律法规的行为。

（7）过度依赖技术：虽然数字接待系统可以提高效率和便利性，但过度依赖技术可能会导致对人工处理能力的削弱，以及增加在技术故障或停电等情况下无法正常工作的风险。因此，需要在数字化和人工处理之间取得平衡，确保系统的稳健性和可靠性。

通过避免这些问题，数字接待系统可以更好地为企业提供服务，提高接待效率和用户体验感。

10.3.4　建设数字接待系统的几点事项

数字接待系统的功能设计上，可由电脑端平台和手机端软件共同组成，实现省级、地市和县区接待部门互联互通，并将协议酒店和车队等第三方也纳入进来。

架构设计主要包含管理、用户、信息三个部分：

（1）管理部分：由各级公务接待管理部门，处理接待任务、进行接待安排、执行接待任务，并完成费用结算、统计分析、公务接待监督管理；

（2）用户部分：由接待酒店、接待车队执行业务平台方案中的相关任务，并进行费用上报；

（3）信息部分：由各级党政机关、事业单位以及接待酒店、车队等第三方，进行资源信息的共同维护。

接待工作中，接待中心收到来访单位公函或接待申请，经审核批示后形成具体接待方案。系统自动校验陪餐方案是否符合规定；根据任务级别自动匹配就餐标准；在信息模块中还可以随时调取点位信息、接待酒店的平面图和特色菜品等。完成审批程序后，将任务方案发送至涉及的地市和县（区）接待部门以及酒店、车队等第三方。

在系统建设中，还要关注以下几点：

（1）用餐方面：自动生成座次图，根据方案或活动的报到情况，提供参加用餐的主客方名单及其职务信息，系统进行智能识别，同时提供编辑调整功能以应对需调整座次的情况。来宾可以登录手机端软件进行查询。

（2）会议活动方面：各级党政机关及事业单位举办大型会议活动也可以在系统中制定活动方案，经审批后，将会议安排发至涉及的各方单位，对报到、住宿、用车、用餐、会场等进行统一管理，并向已报到人员发送短信提醒会议时间、食住行等安排信息。来宾也可以登录手机端软件进行查询。

（3）费用结算方面：任务结束后，第三方平台办理人对用车、餐饮、会议室订单进行处理，费用结算后提交给任务承办单位。由承办单位初审形成接待清单，报有关领导审核。模块设置费用预警功能，根据接待标准、陪餐人数等设置限值，进行全程监督，严格按标准执行。

（4）统计分析方面：各级接待部门管理者可以查看任意时间段的任务统计、费用统计、来宾统计等业务数据统计情况，可根据需要筛选数据，生成对比分析统计图表。

（5）信息维护方面：设置考察点位、酒店平面图、菜品图片、各级机关和第三方联系人和联系方式、来宾历史资料等资源信息的查询、调整功能，各级机关和酒店、车队等第三方要及时维护信息，以方便工作人员调取使用。

·-+-·

案例 10 -1

安徽省机关事务管理局牢牢把握信息化发展的历史机遇，结合工作实际，打造公务接待信息化平台，进一步理顺工作职能，在贯彻落实公务接待管理规定、提升接待工作水平等方面取得重要成果，探索出一条利用信息化赋能新时代公务接待高质量发展的实践道路。

安徽省机关事务管理局立足实际，调研掌握公务接待工作特点和新形势下的发展需求。一是接待任务重。伴随长三角一体化战略的全面实施，安徽省经济发展活力持续增强，各类政商交流考察团接待、承办大型会议活动频次增加，大量密集的接待任务需要通过创新手段提升工作效率。二是临时变化多。接待方案往往依据实际工作变化和来宾行程变动进行调整，需要与来访单位、对口接待单位、酒店、车辆等服务单位频繁沟通。三是工作流程烦琐。公务接待涉及食宿行等多条并行的子任务流程，不易于规范化管理，可能会发生安排零散、事项遗漏的情况，传统纸质化办公由于缺少过程监督，还存在缺少公函、超标准接待等风险隐患。四是资源信息复杂。接待安排涉及住宿、就餐、会议室、用车等多个内容，接待人员无法全面了解定点接待场所的实时安排进度。

信息化平台充分整合第三方接待资源，将公务接待业务流程移至线上，为公务接待中涉及的餐饮住宿、会议会务、接待用车等需求提供在线办理服务，实现无纸化办公。平台主要由 PC 端平台、手机 App 端软件组成，涵盖了第三方服务业务，在设计上实现了省级、地市和县区的互联互通。系统架构设计包含 3 个模块：管理端面向公务接待管理部门，可进行资源信息维护、统计分析和公务接待监督管理；用户端面向各级党政机关，可处理接待任务、进行接待安排并完成费用结算；服务端面向接待酒店、接待车队，可执行业务平台的方案，并上报任务费用。

安徽省本级重要公务接待中，来访单位提交公函和接待申请后，对口接待单位进行接收，拟订活动建议，经审核批示后形成具体活动方案，并将接待任务流转至机关事务管理局。管理局公务活动保障部门接收任务后，拟办人根据任务内容拟订生活接待方案，系统可以自动校验陪餐规则是否符合规定、根据任务级别自动匹配就餐标准等，经本单位领导审核通过后，分配至承办人进行具体食宿行办理，审核不通过则退回至拟办人，可修改后重新提交。完成审批程序后，行程安排会发送至酒店、公车等第三方平台，由第三方平台办理人对用车、住宿、餐饮、会议室订单进行派单处理，具体安排反馈至对口接待单位和来访单位，实现接待资源的调度管理。接待任务完成后，第三方平台上报费用，由管理局初审后形成接待清单，并报有关领导审核。接待任务完成后，来访单位、对口接待单位可通过点击系统链接，对本次接待服务进行满意度评价，机关事务管理局收集评价意见，不断改进优化服务。

　　平台在实现基本业务流程线上办理的基础上，顺应接待工作发展趋势，不断优化系统，丰富拓展平台功能，进一步激发信息化动能，力争在推进服务的精细化、个性化，提升监管的有效性、协同性上发挥更大作用。一是会议管理功能。承办大型会议活动可通过平台创建任务，对住宿、用车、用餐等进行统一管理，实现住宿一键安排并以图形化界面呈现，并将日程安排和接待方案一键推送给来宾，完成展示、访问、邀约、接待、通知等一站式管理。二是接待安排日程表功能。针对期限长、变动多的接待任务，已提交的接待安排仍可通过安排表对具体事项进行编辑和新增。三是信息维护功能。除设置酒店菜品、平面图、地市考察点等资源信息的维护和查询功能以外，还可利用大数据技术的深度分析应用功能，搭建接待对象信息库，通过收集比对系统内方案信息，提供食宿行智能优化建议。四是地市联动功能。对于跨区域接待任务，省级公务接待部门可通过系统推送方案，提供任务指导。各地市公务接待部门定期上报接待数据，促进接待工作统一管理。五是业务统计功能。根据不同的业务权限查看任务统计、费用统计、来宾统计等业务统计情况，并能根据需要进行筛选、导出、生成可视化图表、编辑接待工作大事记等，为绩效评价提供科学依据。六是监督预警功能。在费用管理模块提供费用预警功能，根据接待标准、陪餐人数、经费预算等设置阈值，更好发挥全程监督作用，遏制违规现象发生。七是座次图功能。根据方案中来宾名单和职务，系统可进行智能识别，同时提供编辑调整功能，任务承办人可获取系统生成的座次图。

　　资料来源：信息化赋能新时代公务接待高质量发展 [EB/OL]. 全国机关事务管理研究会网站，2023-04-17，https：//www.ggj.gov.cn/qx/qxl-lyj/202304/t20230417_42724.htm.

参 考 文 献

［1］艾瑞咨询.2022 年中国医疗科技行业研究报告［R］.2022.

［2］艾瑞咨询.2022 年中国在线医疗健康服务消费白皮书［R］.2022.

［3］巴曙松，白海峰.金融科技的发展历程与核心技术应用场景探索［J］.清华金融评论，2016（11）：99－103.

［4］保建云.主权数字货币、金融科技创新与国际货币体系改革——兼论数字人民币发行、流通及国际化［J］.人民论坛·学术前沿，2020（02）：24－35.

［5］蔡继明，曹越洋，刘乐易.论数据要素按贡献参与分配的价值基础——基于广义价值论的视角［J］.数量经济技术经济研究，2023，40（08）：5－24.

［6］蔡莉，黄振弘，梁宇，等.数据定价研究综述［J］.计算机科学与探索，2021，15（09）：1595－1606.

［7］陈国青，曾大军，卫强，等.大数据环境下的决策范式转变与使能创新［J］.管理世界，2020，36（02）：95－105＋220.

［8］陈涵，詹江，杨小兰.区块链在供应链金融中的应用研究——基于价格透明的应收账款融资模式探讨［J］.价格理论与实践，2023（11）：209－213＋216.

［9］陈剑，黄朔，刘运辉.从赋能到使能——数字化环境下的企业运营管理［J］.管理世界，2020，36（02）：117－128＋222.

［10］成程，杨胜刚，田轩.金融科技赋能下供应链金融对企业价值的影响［J］.管理科学学报，2024，27（02）：95－119.

［11］程普文，王佳，郑燕双.基于区块链的供应链金融应收账款质押

融资模式演化博弈研究 [J]. 科技和产业, 2024, 24 (10): 168 - 174.

　　[12] 冯伟民, 张敏. 地下管网 BIM 数据一体化处理平台研发与应用 [J]. 地理信息世界, 2019, 26 (05): 123 - 128.

　　[13] 付熙雯, 王新泽. 我国数据交易研究进展: 系统性文献综述 [J]. 情报杂志, 2022, 41 (11): 137 - 143.

　　[14] 葛孟超. 一个数据产品的交易历程 [N]. 人民日报, 2022 - 11 - 28 (018).

　　[15] 工业互联网产业联盟. 工业互联网平台白皮书 [R]. 2017.

　　[16] 龚强, 班铭媛, 刘冲. 数据交易之悖论与突破: 不完全契约视角 [J]. 经济研究, 2022, 57 (07): 172 - 188.

　　[17] 龚强, 班铭媛, 张一林. 区块链、企业数字化与供应链金融创新 [J]. 管理世界, 2021, 37 (02): 3 + 22 - 34.

　　[18] 郭博, 叶洪涛, 余屹. 基于无人机配送的末端智慧物流的优化分析 [J]. 物流工程与管理, 2023, 45 (02): 23 - 25.

　　[19] 郭兴海, 计明军, 温都苏, 等. "最后一公里" 配送的分布式多无人机的任务分配和路径规划 [J]. 系统工程理论与实践, 2021, 41 (04): 946 - 961.

　　[20] 郭艳英. 地下管线的护卫神——记北京埃德尔新技术中心 [J]. 中国信息导报, 1998 (02): 30.

　　[21] 国家工业信息安全发展研究中心. 2022 年数据交易平台发展白皮书 [R]. 2022.

　　[22] 国家工业信息安全发展研究中心. 中国数据要素市场发展报告 (2020 - 2021) [R]. 2021.

　　[23] 洪永淼, 汪寿阳. 大数据如何改变经济学研究范式? [J]. 管理世界, 2021, 37 (10): 40 - 55 + 72 + 56.

　　[24] 黄浩. 智慧物流园区发展及未来趋势 [J]. 物流技术与应用, 2022, 27 (03): 106 - 109.

　　[25] 霍艳芳, 王涵, 齐二石. 打造智慧物流与供应链, 助力智能制造——《智慧物流与智慧供应链》导读 [J]. 中国机械工程, 2020, 31 (23):

2891 – 2897.

[26] 江楠,张万辉,马扬,等.城市排水管网信息数据库与智慧排水系统研究现状与发展趋势 [J].广东土木与建筑,2021,28 (04):56 – 60.

[27] 勒川.北京:建设全球数字经济标杆城市 [J].中关村,2021 (08):60 – 61.

[28] 李佳.基于大数据云计算的智慧物流模式重构 [J].中国流通经济,2019,33 (02):20 – 29.

[29] 李秋香,马草原,黄毅敏,等.区块链赋能供应链研究动态:视角、脉络、争鸣与盲区 [J/OL].系统工程理论与实践,1 – 25 [2024 – 06 – 04].

[30] 李学军.智慧管网及其构建途径研究 [J].办公自动化,2014 (S1):7 – 11.

[31] 李珍萍,贾顺顺,卜晓奇,等.无人仓系统储位分配问题的优化模型与算法 [J].中国管理科学,2022,30 (01):124 – 135.

[32] 梁静,刘玉,王映秋.通过建设三维信息平台助推地勘行业产业数字化的思路 [J].资源信息与工程,2022,37 (04):154 – 158.

[33] 刘强.智能制造理论体系架构研究 [J].中国机械工程,2020,31 (01):24 – 36.

[34] 刘一鸣,曹廷求,刘家昊.供应链金融与企业风险承担 [J/OL].系统工程理论与实践,1 – 20 [2024 – 06 – 04].

[35] 路欢欢.物流也能更智慧 [J].质量与标准化,2022 (Z1):12 – 14.

[36] 吕铁,韩娜.智能制造:全球趋势与中国战略 [J].人民论坛·学术前沿,2015 (11):6 – 17.

[37] 梅夏英.数据交易的法律范畴界定与实现路径 [J].比较法研究,2022 (06):13 – 27.

[38] [美] 美国供应链管理专业协会（CSCMP）,马修·沃勒（Waller M A）,特里·埃斯珀（Esper T L.）.供应链与库存管理:库存控制、流转与绩效评估 [M].北京:人民邮电出版社,2020.

［39］［美］美国供应链管理专业协会（CSCMP），托马斯·戈尔兹比（Goldsby T J），迪帕克·延加（Iyengar D），沙尚·拉奥（Rao S.）.供应链与物流管理：运输网络规划、方式选择与成本控制［M］.北京：人民邮电出版社，2020.

［40］孟凡生，赵刚.传统制造向智能制造发展影响因素研究［J］.科技进步与对策，2018，35（01）：66－72.

［41］孟小峰，慈祥.大数据管理：概念、技术与挑战［J］.计算机研究与发展，2013，50（01）：146－169.

［42］孟玉，任宗强.城市综合地下管网管理信息系统建设与应用分析［J］.工程与建设，2022，36（04）：1191－1194.

［43］慕艳平，周文凤.我国云仓储物流模式发展探析［J］.电子商务，2019（09）：1－2.

［44］潘钜.区块链技术在数字金融领域的创新应用与监管挑战［J］.投资与合作，2024（05）：10－12.

［45］齐英杰，方彦，杜祥哲，等.浅议地下管道泄漏检测及定位新技术［J］.工程与建设，2017，31（03）：362－366.

［46］邱勋.中国央行发行数字货币：路径、问题及其应对策略［J］.西南金融，2017（03）：14－20.

［47］山锋，党欣，惠悦.基于地下管线探测技术的校园地下管网管理应用研究［J］.计算机产品与流通，2018（08）：173.

［48］盛昭瀚.从系统管理到复杂系统管理——写于《系统管理学报》创刊30周年之际［J］.系统管理学报，2022，31（06）：1031－1034.

［49］盛昭瀚，于景元.复杂系统管理：一个具有中国特色的管理学新领域［J］.管理世界，2021，37（06）：2＋36－50.

［50］施金荣.芜湖：充分利用物联网技术［J］.中国建设信息化，2017（03）：23－25.

［51］［美］斯科特·凯勒（Keller S B），布赖恩·凯勒（Keller B C）供应链与仓储管理：选址、布局、配送、库存管理与安全防护［M］.北京：人民邮电出版社，2020.

［52］宋华，韩思齐，刘文诣．数字化金融科技平台赋能的供应链金融模式——基于信息处理视角的双案例研究［J］．管理评论，2024，36（01）：264 - 275．

［53］宋华，韩思齐，刘文诣．数字技术如何构建供应链金融网络信任关系？［J］．管理世界，2022，38（03）：182 - 200．

［54］宋华，陶铮，杨雨东．供应链金融增强企业组织韧性的影响机制［J/OL］．中国流通经济，1 - 12［2024 - 06 - 04］．

［55］宋华，陶铮，杨雨东．"制造的制造"：供应链金融如何使能数字商业生态的跃迁——基于小米集团供应链金融的案例研究［J］．中国工业经济，2022（09）：178 - 196．

［56］孙溥茜．机器人"小哥"上岗，让京东物流更智慧［J］．机器人产业，2022（03）：49 - 53．

［57］孙兆臣，孙晓琴，杨文．基于物联网技术基础的智慧仓储建设与应用［J］．电脑知识与技术，2020，28（16）：237 - 238 + 245．

［58］唐堂，滕琳，吴杰，等．全面实现数字化是通向智能制造的必由之路——解读《智能制造之路：数字化工厂》［J］．中国机械工程，2018，29（03）：366 - 377．

［59］腾讯研究院．腾讯医疗健康医学影像云应用及网络安全能力评估白皮书［R］．2021．

［60］汪寿阳，胡毅，熊熊，等．复杂系统管理理论与方法研究［J］．管理科学学报，2021，24（08）：1 - 9．

［61］王继祥．物联网发展推动中国智慧物流变革［J］．物流技术与应用，2010，15（06）：30 - 35．

［62］王继祥．中国智慧物流五大新发展理念［J］．中国工业和信息化，2023（Z1）：15 - 21．

［63］王喜文．智能制造［M］．北京：科学技术文献出版社，2020．

［64］王星捷．供水管网三维分析算法的研究与应用［J］．计算机技术与发展，2019，29（06）：190 - 194．

［65］王勇，刘乐易，迟熙，等．流量博弈与流量数据的最优定价——

基于电子商务平台的视角 [J]. 管理世界，2022，38（08）：116 - 132.

[66] 王友发，周献中. 国内外智能制造研究热点与发展趋势 [J]. 中国科技论坛，2016（04）：154 - 160.

[67] 吴宏量. 供应链金融框架下企业投融资结构管理研究 [J]. 全国流通经济，2024（08）：161 - 164.

[68] 吴树芳，杨国庆，朱杰. 商务智能 [M]. 北京：科学出版社，2020.

[69] 吴志峰，田惠敏. 区块链在供应链金融的应用研究 [J]. 供应链管理，2024（05）：5 - 21.

[70] 吴志樵，兰永恒，秦恒乐. 无人仓订单拣选效率影响因素分析 [J]. 系统工程理论践，2023，43（04）：1192 - 1210.

[71] 武汉大学大数据研究院. 中国数据要素市场发展报告 [R]. 2022.

[72] 肖广来，王若瀚. 人工智能技术在供应链物流领域的应用 [J]. 中国航务周刊，2024（22）：60 - 62.

[73] 肖静华，毛蕴诗，谢康. 基于互联网及大数据的智能制造体系与中国制造企业转型升级 [J]. 产业经济评论，2016（02）：5 - 16.

[74] 肖静华，吴小龙，谢康，等. 信息技术驱动中国制造转型升级——美的智能制造跨越式战略变革纵向案例研究 [J]. 管理世界，2021，37（03）：11 + 161 - 179 + 225.

[75] 解晓乐. 智慧物流运输全程管理服务系统的设计与实现 [J]. 中国物流与采购，2024（03）：96 - 98.

[76] 谢卫红，樊炳东，董策. 国内外大数据产业发展比较分析 [J]. 现代情报，2018，38（09）：113 - 121.

[77] 熊巧琴，汤珂. 数据要素的界权、交易和定价研究进展 [J]. 经济学动态，2021（02）：143 - 158.

[78] 徐鹏飞，张林. 基于WEB的城市燃气地下燃气管网控制框架设计 [J]. 数字技术与应用，2013（08）：167.

[79] 徐翔，厉克奥博，田晓轩. 数据生产要素研究进展 [J]. 经济学动态，2021（04）：142 - 158.

［80］许宪春，张钟文，胡亚茹．数据资产统计与核算问题研究［J］．管理世界，2022，38（02）：16－30＋2.

［81］薛莹，胡坚．金融科技助推经济高质量发展：理论逻辑、实践基础与路径选择［J］．改革，2020（03）：53－62.

［82］颜枫雅．区块链技术赋能供应链金融创新发展研究［J］．对外经贸，2024（03）：77－80＋99.

［83］杨国庆，史江兰，陈永昶．数字经济管理理论与应用［M］．北京：人民邮电出版社，2023.

［84］杨俊，李小明，黄守军．大数据、技术进步与经济增长——大数据作为生产要素的一个内生增长理论［J］．经济研究，2022，57（04）：103－119.

［85］杨善林，丁帅，顾东晓，等．医联网：新时代医疗健康模式变革与创新发展［J］．管理科学学报，2021，24（10）：1－11.

［86］杨善林，丁帅，顾东晓，等．医疗健康大数据驱动的知识发现与知识服务方法［J］．管理世界，2022，38（01）：219－229.

［87］杨善林，范先群，丁帅，等．医联网与智慧医疗健康管理［J］．管理科学，2021，34（06）：71－75.

［88］杨叔子，丁洪．智能制造技术与智能制造系统的发展与研究［J］．中国机械工程，1992（02）：18－21.

［89］叶雅珍，刘国华，朱扬勇．数据资产相关概念综述［J］．计算机科学，2019，46（11）：20－24.

［90］于施洋，王建冬，郭巧敏．我国构建数据新型要素市场体系面临的挑战与对策［J］．电子政务，2020（03）：2－12.

［91］余菲菲，高霞．互联背景下我国制造企业生态化转型路径的选择机制研究：基于fsQCA方法［J］．管理工程学报，2020，34（05）：32－41.

［92］余玉刚，王耀刚，江志斌，等．智慧健康医疗管理研究热点分析［J］．管理科学学报，2021，24（08）：58－66.

［93］余玉刚，郑圣明，霍宝锋，等．平台供应链的管理理论与方法前沿课题［J］．管理科学，2021，34（06）：60－66.

［94］臧锋，王鹏展，陈俊羽，等．数字化城市照明驱动的新型城市生命线体系发展路径研究［J］．照明工程学报，2022，33（04）：214－222．

［95］张佳宁，丁冬．数字孪生打造城市地下智慧管网［J］．中国电信业，2022（10）：66－69．

［96］张曙．工业4.0和智能制造［J］．机械设计与制造工程，2014，43（08）：1－5．

［97］张树成．城市燃气管网探测及动态信息管理系统［J］．黑龙江科技信息，2009（22）：51．

［98］张志伟，马翔宇．企业协作配送与传统配送模式的政府低碳补贴机制研究［J］．物流科技，2021，44（05）：1－5＋9．

［99］赵栋，张西军．沈阳市地下管网数据智能化检查修改的研究及实践［J］．城市勘测，2018（03）：121－124．

［100］赵剑波．推动新一代信息技术与实体经济融合发展：基于智能制造视角［J］．科学学与科学技术管理，2020，41（03）：3－16．

［101］赵卫东．商务智能［M］.4版．北京：清华大学出版社，2017．

［102］中国仓储与配送协会研究咨询中心，2021年中国仓储配送业发展与趋势展望［J］．物流技术与应用，2022，27（08）：58－63．

［103］中国信息通信研究院．全球数字经济白皮书［R］.2023．

［104］周济．智能制造是"中国制造2025"主攻方向［J］．企业观察家，2019（11）：54－55．

［105］周济．智能制造——"中国制造2025"的主攻方向［J］．中国机械工程，2015，26（17）：2273－2284．

［106］周志华．机器学习［M］．北京：清华大学出版社，2016．

［107］朱帅领．智慧管网及其构建途径研究［J］．智能城市，2018，16（04）：166－167．

［108］朱兴雄，何清素，郭善琪．区块链技术在供应链金融中的应用［J］．中国流通经济，2018，32（03）：111－119．

［109］祝烈煌，高峰，沈蒙，等．区块链隐私保护研究综述［J］．计算机研究与发展，2017，54（10）：2170－2186．

［110］Azadeh K, De Koster R, Roy D. Robotized and automated warehouse systems: Review and recent developments ［J］. *Transportation Science*, 2019, 53 (04): 917 – 945.

［111］Chod J, Trichakis N, Tsoukalas G, et al. On the financing benefits of supply chain transparency and blockchain adoption ［J］. *Management Science*, 2020, 66 (10): 4378 – 4396.

［112］Dai T, Tayur S. OM forum—Healthcare operations management: A snapshot of emerging research ［J］. *Manufacturing & Service Operations Management*, 2020, 22 (05): 869 – 887.

［113］Ding Y, Jin M, Li S, et al. Smart logistics based on the internet of things technology: An overview ［J］. *International Journal of Logistics Research and Applications*, 2021, 24 (04): 323 – 345.

［114］Fan W, Jiang Y, Pei J, et al. The impact of medical insurance payment systems on patient choice, provider behavior, and out-of-pocket rate: Fee-for-service versus diagnosis-related groups ［J］. *Decision Sciences*, 2024, 55 (03): 245 – 261.

［115］Jiang N, Chen J, Zhou R G, et al. PAN: Pipeline assisted neural networks model for data-to-text generation in social internet of things ［J］. Information Sciences, 2020, 530: 167 – 179.

［116］Kraus M, Feuerriegel S, Saar – Tsechansky M. Data-driven allocation of preventive care with application to diabetes mellitus type II ［J］. *Manufacturing & Service Operations Management*, 2024, 26 (01): 137 – 153.

［117］Pei J, Dražić Z, Dražić, et al. Continuous variable neighborhood search (C – VNS) for solving systems of nonlinear equations ［J］. *INFORMS Journal on Computing*, 2019, 31 (02): 235 – 250.

［118］Pei J, Yan P, Kumar S, et al. How to react to internal and external sharing in B2C and C2C ［J］. *Production and Operations Management*, 2021, 30 (01): 145 – 170.

［119］Pei J, Yan P, Kumar S. No permanent friend or enemy: Impacts of the IIoT – based platform in the maintenance service market ［J］. *Management Science*, 2023, 69 (11): 6800 – 6817.

［120］Priyanka E B, Thangavel S, Gao X Z, et al. Digital twin for oil pipeline risk estimation using prognostic and machine learning techniques ［J］. *Journal of Industrial Information Integration*, 2022, 26: 100272.

［121］Wang C, Chen X, Xu X, et al. Financing and operating strategies for blockchain technology-driven accounts receivable chains ［J］. *European Journal of Operational Research*, 2023, 304 (03): 1279 – 1295.

［122］Wang J, Lim M K, Liu W. Promoting intelligent IoT – driven logistics through integrating dynamic demand and sustainable logistics operations ［J］. *Transportation Research Part E: Logistics and Transportation Review*, 2024, 185: 103539.

［123］Wang T, Feng K, Ling J, et al. Pipeline condition monitoring towards digital twin system: A case study ［J］. *Journal of Manufacturing Systems*, 2024, 73: 256 – 274.

［124］Zhou Y, Pei J, Yan P, et al. Collaborative Planning in a Two – Stage Supply Chain: Transparent Coordination, Distributed Response, Integrated Optimization ［J］. *IEEE Transactions on Engineering Management*, 2024, 71: 7270 – 7258.